Internationales Kochbuch

Köstliche und traditionelle Rezepte
von allen Kontinenten dieser Erde
für Ihre kulinarische Weltreise

Karina Mertens

Vorwort

Sie lieben den Geschmack der großen weiten Welt und schicken alle Sinne gerne auf exotische Fernreisen? Ob japanisch, mikronesisch, kroatisch oder argentinisch – Ihre Entdeckerlust kennt keine Ländergrenzen? Dafür wollen Sie aber nicht jedes Mal ins Flugzeug steigen oder viel Geld im Restaurant ausgeben? Dann ist dieses Kochbuch die perfekte Maßnahme gegen kulinarisches Fernweh! Denn mit den abwechslungsreichen Rezepten holen Sie sich jeden Tag aufs Neue ein Stück Genusskultur aus allen Ecken der Welt auf den Teller und das geht auch noch kinderleicht. Asien punktet mit einzigartiger Reis-Kreativität, Amerika hat unvergleichlich deftige Fleischgerichte im Angebot, in Ozeanien liebt man die Kokosnuss und die arabische Küche jongliert in außergewöhnlicher Weise mit Gewürzen – Speisevorlieben und Traditionen der Länder sind so einzigartig und unterschiedlich wie Bewohner und Landschaft, doch eines haben sie alle gemeinsam: Grenzenlose Freude am Genuss. Dabei entdecken Sie berühmte Klassiker wie japanisches Sushi oder New York Cheesecake genauso wie exotisch-raffinierte neue Inspirationen – probieren Sie doch mal ivorischen Fu Fu-Eintopf oder venezolanische Tequeños-Cheesesticks! Klingt lecker, aber kompliziert? Keine Sorge! Die kinderleicht nachzukochenden Rezepte lassen Sie auch ungewöhnliche Köstlichkeiten im Handumdrehen gelingsicher auf den Tisch zaubern und mit Erklärungen zu exotischen Zutaten und möglichen Alternativen kommen Sie auch im hiesigen Lebensmittelhandel bestens zurecht.

Guten Appetit!

🍴 INHALT

Die Reise beginnt!...1

Afrika 5

Foul Medammas – Ägyptisches Frühstück 6

Mandazi – Kenianische Donuts................................7

Eedingu – Namibisches getrocknetes Fleischragout 8

Äthiopischer Kichererbseneintopf (vegan)........................ 9

Dabo – Honigbrot aus Äthiopien........................ 10

Bobotie – Hackfleischbraten aus Südafrika........................ 11

Samosas Südafrikanischer Art 12

Sauce Graine – ivorischer Eintopf mit Fufu........................ 13

Kelewele – Frittierte Kochbananen aus Ghana........................ 14

Couscous auf marokkanische Art 15

Tunesische Sesam-Honig-Tartelettes........................ 16

Cachupa Rica – Spezialität von den Kapverden 17

Muboora – Kürbisblätter aus Simbabwe 18

Jollof – Nigerianisches Reisgericht........................ 19

Malagasy – Kuchen Aus Madagaskar 20

Asien 21

Pad Thai aus Thailand........................ 22

Pekingente........................ 23

Maki/Nigiri Japanisches Sushi 25

Koreanisches Bibimbap........................ 26

Russischer Honigkuchen........................ 27

Dhal Shobra – Indische Linsencremesuppe........................ 28

Aloo Masala aus Indien........................ 29

Kabuli Palau – Afghanischer Reis........................ 30

Solomon Tort aus der Mongolei........................ 31

Vietnamesische Pho-Suppe..32

Gyoza – Teigtaschen mit Pilzfüllung aus Japan..................................33

Dolma – Gefüllte Weinblätter aus Aserbaidschan.............................34

Armenisches Omelette...36

Turon – Dessert aus den Philippinen..37

Chinesisches Frühstücksei mit Schweinebauch..................................38

Russisches Fingerfood – Gefüllte Kartoffeln......................................39

Yemini Mahalabiya – Jemenitische Süßspeise aus Milch..................40

Lamm mit Gemüsefüllung aus Saudi-Arabien.....................................41

Es Cendol – Erfrischungsgetränk aus Indonesien..............................42

Nasi Goreng aus Malaysia...43

Australien/Ozeanien 44

Tuvalu Thunfisch...45

Pani Popo – Hefegebäck aus Samoa...46

Fidschi-Pfankuchen...47

Pilz-Hühnchen aus Tuvalu..48

Kiwi Pavlova aus Neuseeland...49

Hühnchen mit Kokosnussreis nach Samoa-Art...................................50

Neuseeländische Southland Cheeserolls 51

Australisches Bush Bread...52

Polynesische Fleischbällchen..53

Meat-Pie aus Australien...54

Kokosnuss-Kaukau aus Papua Neuguinea...56

White Chocolate Macadamia – Cookies australischer Art................57

Otai – Süßes Getränk aus Tonga..58

Sausage Rolls aus Australien...59

Saipan – Roter Reis aus Mikronesien...60

Europa..61

Schwedische Fleischbällchen...62

Brombærsnitter – Dänischer Brombeerkuchen.....................63

Klassische italienische Spaghetti Carbonara.......................64

Gefüllte Kirschpaprikaschoten aus Spanien.........................66

Cataplana – Fischeintopf aus Portugal................................67

Züricher Geschnetzeltes...68

Polnische Piroggen..69

Französische Croissants..70

Okroshka – Ukrainische Sommersuppe................................72

Frischer griechischer Salat..73

Gefüllte Auberginen türkischer Art......................................74

Blitva – Kroatische Beilage...75

Bayerischer Schmorbraten..76

Original belgische Pommes...77

Tave Kosi – Gebackenes Lamm aus Albanien.......................78

Gefüllter Kohl aus Ungarn..79

Nordamerika 80

Kanadischer Lachs in Ahornsirup-Marinade........................81

Frühstücks-Burrito aus Mexiko..82

Classic New York Cheesecake...83

San Fransisco Sourdough Bread – Sauerteigbrot................85

Timbits – Donuts Kanada Style..86

Kalua Pulled Pork – Schweinsfilet aus Hawaii.....................87

Mexikanische Maissuppe..89

Chicago Deep Dish Pizza...90

Dominikanische Karamellcreme-Törtchen...........................91

Frittierte Bananen-Chips aus Haiti.......................................92

Original Guacamole aus Mexico...93

Los Tres Golpes – Frühstück aus der Dominikanischen Republik 94

Gekochter Fisch von den Bahamas...95

Green Chicken Stew aus Guatemala...96

Pupusa – Mais-Appetizer aus El Salvador..98

Jamaikanische Hot Pepper SHrimps...99

Südamerika 100

Argentinische Empanadas mit Chimichurri-Soße 101

Feijoada – Brasilianischer Schweine-und Bohneneintopf..........................103

Aguacate relleno con camarones – Gefüllte Avocado aus Ecuador 105

Tacu Tacu – Bohnen-Reis aus Peru..106

Tequeños – Cheesesticks aus Venezuela...107

Empanadas Salteñas aus Bolivien 108

Pan De Pascua – Chilenisches Weihnachtsbrot 110

Revuelto Gramajo Uruguay – Gemischte Pommes aus 111

Arroz con Leche – Kolumbianischer Reispudding.....................................112

Bori Bori – Paraguayanischer Eintopf..113

Roti Hühnchen aus Surinam..114

Reis & Erbsen aus Guyana 115

Tutu de Feijão – Bohnenbeilage aus Brasilien..116

Kolumbianische Linsensuppe...117

Dulce de Leche – Argentinisches Karamell..118

Chorrellana – Tomaten-Zwiebel-Pfanne aus Bolivien...............................119

Die Reise beginnt!

Wollten Sie schon immer einmal um die Welt reisen? Zumindest, um das köstliche Essen anderer Nationen zu erleben, brauchen Sie das überhaupt gar nicht! Denn wir haben für Sie in diesem Buch Speisen aus aller Welt zusammengetragen, die nur darauf warten, von Ihnen zubereitet zu werden.

Die internationale Küche ist dem Namen entsprechend vielfältig und manches Mal überraschend. Von daher möchten wir Ihnen an dieser Stelle einen kleinen Einblick in die Küche der einzelnen Kontinente geben, nach denen die Rezepte in diesem Buch auch sortiert worden sind. Dabei lässt sich natürlich nicht alles verallgemeinern, da zwischen nördlichen Ländern wie Kanada und südlichen Inseln wie den Bahamas freilich nicht nur Tausende Kilometer, sondern auch kulturelle und kulinarische Unterschiede liegen. Daher unterscheiden sich die Rezepte auch in ihren Zutaten oftmals voneinander. Allerdings kann man regionale Gemeinsamkeiten finden, zum Beispiel in der Auswahl der Grundlage der Rezepte. Auch einige exotische Zutaten werden in diesem Rezeptbuch zur Anwendung kommen. Erklärungen und Alternativen, sofern möglich, werden daher immer mit angegeben. Machen Sie eine kleine kulinarische Weltreise und kosten Sie von dem Ambiente der Ferne.

Afrika

Afrika ist der Fläche nach der zweitgrößte Kontinent der Erde und hat eine entsprechende Vielfalt an Gerichten anzubieten. Vom nordarabischen Mittelmeer bis an die Elfenbeinküste streckt sich ein fruchtbarer Boden und daher allerhand köstliches Essen.

In der arabischen Küche kommen vor allem Gewürze zu tragen. Auch Kichererbsen gehören zur Grundlage vieler Rezepte aus Ägypten, Marokko und Libyen. Im zentralafrikanischen Kontinent hingegen findet man süße Früchte und fleischige Eintöpfe. Einige Zutaten, wie z. B. Palmölfruchtfleisch, kann man im üblichen Einzelhandel kaufen, andere Zutaten, vor allen Dingen spezielles Fleisch, wird man schon eher im Fachhandel finden. Fährt man an die südliche Küste, machen sich mehr und mehr die Eindrücke des Kolonialismus bemerkbar: Die Samosas südafrikanischer Art z. B. haben ihren Ursprung in Indien. Gemeinsam ist der afrikanischen Küche aber eines: Sie schmeckt vollmundig und kräftig.

Asien

Auf dem größten Kontinent der Welt finden wir allerhand Gerichte, die es auch schon in die Küchen einiger europäischer Haushalte geschafft haben. Fast kein Essen ist derart beliebt wie asiatisches. Dabei unterscheidet sich die Küche auch hier vielfach voneinander. Gemeinsam ist ihnen vor allem eins: Die Liebe zur Reis-Grundlage. Reis hat in vielen Kulturen Asiens eine herausragende Bedeutung, und die Wahl eines geeigneten Reises ist daher keineswegs zweitrangig, wenn man asiatisch kocht. Vor allem für Gerichte wie Sushi ist der richtige Reis von ungeheurem Wert.

Im Westen des Kontinents ähnelt sich die Küche der nordafrikanischen und europäischen an, man spürt den gegenseitigen Einfluss der damaligen Handelsstraßen und die Verbreitung indischer Gewürze über viele Länder verteilt.

Australien/Ozeanien

Während in Australien vor allem der europäische Einfluss an Speisen vorliegt, findet man auf Ozeanien eine bunte Vielfalt indigener, asiatischer und europäischer Speisen. Kokosnüsse sind, wie auch bei vielen Inseln in der karibischen See, ein Hauptbestandteil frisch-leichter Nahrung, die sich nicht nur bei Touristen großer Beliebtheit erfreut. Fleischgrundlage ist hier vor allem Geflügel. Australisch-ozeanische Küche zeichnet sich vor allem durch seinen verhältnismäßig gewürzarmen, aber doch vollmundigen Geschmack aus.

Europa

Aus Europa wurden einige Speisen in die Welt exportiert, allerdings auch einiges an Gewürzen und Traditionen importiert. So ist das Nationalgericht von Großbritannien z. B. Chicken Tikka Masala. Im Südwesten sind die Speisen vor allem durch die dortigen sonnigen Wetterumstände geprägt und beinhalten viel frisches Gemüse. Im Nordosten sind die Speisen kräftiger und können einen auch im kalten Winter warmhalten. Die griechische Küche zeichnet sich durch einen wohlwollenden Gebrauch an Knoblauch aus, und auch in den Balkanländern ist das Essen eher deftig. Im Norden hingegen finden wir Fisch und Süßigkeiten, die die dunkle Jahreszeit erhellen. Fast alle gängigen europäischen Produkte können Sie im Supermarkt kaufen – nur der Fisch ist ortsabhängig manchmal kompromissbereit zu behandeln.

Nordamerika

Auch wenn der gängige Deutsche unter Amerika fast immer die USA versteht, so geht der Kontinent doch weit darüber hinaus. Auch die Karibik, Mexiko und Kanada gehören im weitesten Sinne zu Nordamerika. Die amerikanische Esskultur ist vor allem durch das Zusammenkommen vieler Nationen geprägt. In Mexiko ist eine der wichtigsten Zutaten Bohnen, aber auch Mais und Weizen dürfen nicht fehlen. Vorsicht bei den Angaben der Schärfe mexikanischer Produkte – europäische Zungen sind oft nicht auf den Grad der Schärfe vorbereitet! In Kanada ist das Essen ebenfalls durch eine Vielzahl verschiedener Nationen gekennzeichnet. In Mittelamerika hingegen ist das Essen etwas leichter und durch den Ozean geprägt.

Südamerika

Südamerikanische Küche ist durch eine Vielzahl spanischer und portugiesischer Einflüsse gekennzeichnet. Nicht nur, aber auch deswegen ähneln sich die Gerichte in vielen Ländern sehr. Zum Beispiel gibt es eine große Zahl an landestypischen Variationen der Empanadas. Mais und Linsen zählen zu den wichtigsten Grundlagen südamerikanischer Küche, daneben wird Huhn und Rind häufig als Fleisch genutzt. Trotz dieser Ähnlichkeiten unterscheiden sich die typischen Landesspeisen von Chile und Brasilien, von Surinam und Argentinien doch sehr stark voneinander. Deshalb gilt auch hier: Ausprobieren und schauen, was schmeckt!

Afrika

FOUL MEDAMMAS –
ÄGYPTISCHES FRÜHSTÜCK

2 Port.   35 Min.   Leicht

Zutaten

250 g Ackerbohnen
1 Knoblauchzehe
1 Zwiebel
1 Chilischote (rot)
4 EL Olivenöl
2 EL Tahin
3 TL Zitronensaft
1 Msp. Kreuzkümmel
1 TL Salz
2 Eier
1 Tomate
½ Bund Petersilie
2 Stück Fladenbrot
Pfeffer

Nährwerte p. P.

759 kcal
72 g Kohlenhydrate
44 g Fett
15 g Eiweiß

1 Schälen Sie den Knoblauch und die Zwiebel. In feine Würfel hacken. Die Chilischote sehr fein schneiden. Erhitzen Sie etwa 3 EL Olivenöl in einer beschichteten Pfanne und braten Sie sowohl Zwiebeln als auch Knoblauch darin an. Chili, Salz, Kreuzkümmel und Tahin nach und nach hinzugeben.

2 Gießen Sie die Bohnen ab und spülen Sie mit klarem Wasser nach. Zu den anderen Zutaten in die Pfanne geben, Wasser hinzufügen, bis die Bohnen bedeckt sind. Etwa 15 – 20 Minuten köcheln lassen. Während die Bohnen köcheln, in einem Topf Wasser zum Kochen bringen und die Eier darin kochen, bis sie hart sind.

3 Tomate waschen und würfeln. Petersilie ebenso waschen, trockenschütteln und die abgezupften Blätter grob schneiden.

4 Schmecken Sie das Foul mit Salz und Pfeffer ab und garnieren Sie es mit Petersilie und Tomate. Den Zitronensaft und das restliche Öl auf das Foul träufeln. Zum Schluss die fertigen Eier pellen und in appetitliche Stücke schneiden. Diese auf dem Bohnenmus verteilen und mit Fladenbrot servieren.

Zubereitungstipp: Wer es nicht so scharf mag, kann die Chilischote auch weglassen und durch ein anderes Gewürz, wie z. B. Paprikapulver, ersetzen.

MANDAZI – KENIANISCHE DONUTS

20 Stk.

2 Std.
40 Min.

Mittel

Zutaten

460 g Mehl (Type 405)
6 EL Zucker
1 TL Backpulver
1 Ei (Größe M)
½ TL Salz
½ TL Kardamom
100 g Butter
250 ml Milch
1 Päckchen Trockenhefe
3 EL Puderzucker
Öl (zum Frittieren)

Nährwerte p. P.

159 kcal
22 g Kohlenhydrate
6 g Fett
3 g Eiweiß

1 Geben Sie das Mehl, den Zucker und das Backpulver gemeinsam mit dem Salz, Kardamom und der Trockenhefe in eine Schüssel. Verrühren Sie alles gut.

2 Die Butter in einem kleinen Topf in einem Wasserbad oder bei niedriger Stufe auf dem Herd schmelzen. Von der Wärme entfernen, Milch und Ei hinzugeben und alles gut verrühren. Zu den trockenen Zutaten hinzugeben und vermischen. Alles mit der Küchenmaschine oder Knethaken ca. zehn Minuten lang zu einem glatten Teig kneten. Eine große Kugel formen und den Teig dann mit einem Tuch abgedeckt ca. 1 – 2 Stunden an einem warmen Ort gehen lassen.

3 Rollen Sie den Teig auf einer mit Mehl bestäubten Arbeitsfläche aus, bis er ca. 1 cm dick ist. Abgedeckt nochmals ca. 10 - 15 Minuten ruhen lassen, dann in gleichmäßige Stücke teilen. Erhitzen Sie das Speiseöl in einem Topf. Geben Sie die Teigstücke in das Fett, sobald es ganz heiß ist, und frittieren Sie die einzelnen Stücke, bis sie goldbraun sind. Zum Abtropfen auf Küchenpapier auslegen.

4 Den Puderzucker zur Deko auf den Mandazi streuen und lauwarm servieren.

Zubereitungstipp: Sollte der Teig zu klebrig sein, etwas Mehl hinzugeben, um eine glatte Konsistenz zu erreichen.

EEDINGU –
NAMIBISCHES GETROCKNETES
FLEISCHRAGOUT

2 Port.   2,5 Std.   Mittel

Zutaten

160 g getrocknetes
Fleisch in Streifen (z. B.
Wild, Rind)
400 g geschnittene To-
maten (Dose)
1 Knoblauchzehe
1 Zwiebel
1 Paprikaschote
3 EL Sonnenblumenöl
Prise Salz, Pfeffer
Prise Chili

Nährwerte p. P.

374 kcal
16 g Kohlenhydrate
24 g Fett
21 g Eiweiß

1 Für das Ragout wird traditionell getrocknetes Fleisch vom Rind, der Ziege oder Wild benutzt. Jedes getrocknete Fleisch kann aber verwendet werden. Zunächst Zwiebel halbieren, dann eine Hälfte grob hacken. Mit der Knoblauchzehe ebenso verfahren.

2 Das Fleisch in mundgerechte Stücke schneiden. Gemeinsam mit gehackter Zwiebel und Knoblauch in einen mittelgroßen Topf geben. Wasser auffüllen, bis das Fleisch bedeckt ist. Bringen Sie das Fleisch bei mittlerer Hitze zum Kochen und decken Sie den Topf mit einem Deckel zu. Für etwa eine Stunde kochen lassen und notfalls Wasser dazugeben, wenn zu viel verdampft.

3 Hacken Sie währenddessen die zweite Knoblauchzehenhälfte und die andere Hälfte der Zwiebel fein. Paprikaschote ebenso fein hacken. Nach 60 Minuten das Sonnenblumenöl in einem zweiten Topf ebenfalls bei mittlerer Hitze erwärmen. Die Zwiebel für ca. 3 - 5 Minuten andünsten, dann Knoblauch und Paprika hinzufügen. Das Ganze für ca. 1 - 2 Minuten braten. Geben Sie dann direkt die Tomaten aus der Dose in den Topf und würzen Sie das Ganze mit Pfeffer, Chili und Salz.

4 Das gekochte Fleisch zu den Tomaten geben und das Ganze für ca. eine Stunde zugedeckt köcheln lassen. Zwischendurch rühren und den Inhalt gut vermengen. Das Fleisch soll zart und die Soße nicht zu dünn sein. Abschmecken und nachwürzen.

5 Das Ragout kann mit Reis oder Couscous serviert werden, schmeckt aber auch gut alleine als Hauptspeise.

Zubereitungstipp: Sollte das Fleisch nach der angegebenen Kochzeit noch zäh sein, etwas Wasser dazugeben und etwas länger köcheln lassen.

ÄTHIOPISCHER KICHERERBSENEINTOPF (VEGAN)

2 Port.   20 Min.   Leicht

Zutaten

1 rote Zwiebel, klein
3 Knoblauchzehen
1 Stück Ingwer (ca. 2,5 cm)
4 TL Berbere (Gewürz)
250 ml Tomatensoße (Glas)
500 ml Wasser
2 TL Brühpulver Gemüse
400 g Kichererbsen, vorgekocht (Dose)
40 g Kichererbsenmehl
Salz, Pfeffer (nach Belieben)

Nährwerte p. P.

336 kcal
48 g Kohlenhydrate
5 g Fett
17 g Eiweiß

1 Zwiebel und Knoblauch schälen, dann fein hacken. Ingwer schälen, in feine Stücke schneiden. Die Kichererbsen abtropfen lassen und mit klarem Wasser nachspülen.

2 Einen großen Topf mit ein wenig Wasser füllen, sodass der Boden dünn bedeckt ist. Zwiebeln, Knoblauch und Ingwer hineingeben. Den Inhalt des Topfes für ca. zwei Minuten bei mittlerer Hitze dünsten, sodass die Zwiebeln weich werden. Berbere und Gemüsebrühe (Pulver) hinzugeben und alles verrühren. Dann Tomatensoße, ca. 400 ml Wasser und die Kichererbsen hinzugeben. Das Ganze aufkochen und mit einem Deckel zudecken. Kurz köcheln lassen.

3 Währenddessen eine Pfanne erhitzen. Kichererbsenmehl hineingeben und anrösten. Während des Röstens umrühren, damit nichts anbrennt. Wenn es duftet, ist das Mehl fertig. Der Farbton des Mehls kann sich während des Röstvorgangs von einer dunklen, goldbraunen Farbe zu hellbraun verändern. Mit dem restlichen Wasser ablöschen und verrühren.

4 Geben Sie das geröstete Mehl und Wasser zur Suppe hinzu und rühren Sie das Gemisch sehr gut unter. Etwa fünf Minuten bei niedriger Hitze köcheln lassen, dann mit Salz und Pfeffer abschmecken.

DABO –
HONIGBROT AUS ÄTHIOPIEN

8 Port.   3 Std.   Leicht
(1 Brot)   10 Min.

Zutaten

4 g Trockenhefe (oder
15 - 20 g Frischhefe)
70 ml Wasser, lauwarm
1 Ei
125 g Honig (flüssig)
1 ½ EL Salz
1 TL Kardamom,
gemahlen
2 TL Zimt, gemahlen
1 TL Piment (Nelken-
pfeffer), gemahlen
250 g Milch
75 g Butter
500 g Mehl (Type 550)
2 EL Wasser (kalt)
Sesam- oder Fenchelsa-
men (zum Bestreuen)

Nährwerte p. P.

362 kcal
58 g Kohlenhydrate
10 g Fett
8 g Eiweiß

1 Lösen Sie die Hefe im lauwarmen Wasser auf und lassen Sie sie etwa 15 Minuten lang quellen. Das Ei in eine Schüssel geben und mit einer Gabel aufschlagen. Honig sowie Gewürze hinzugeben, alles gut vermischen. Etwa 1 EL Salz ebenfalls hinzugeben und unterrühren.

2 Erwärmen Sie die Milch bei niedriger Hitze und lassen Sie die Butter darin schmelzen. Mit Mehl in eine Schüssel geben und gemeinsam mit gelöster Hefe und Honig-Ei-Gemisch für ca. 3 - 5 Minuten verkneten, bis ein weicher Teig entsteht. Der Teig sollte nicht mehr kleben, wenn alles vermengt ist. Den Teig mit einem Tuch abdecken und für ca. 1,5 Stunden bei Raumtemperatur gehen lassen. Das Volumen sollte sich in dieser Zeit verdoppeln.

3 Währenddessen eine Springform (ø 24 cm) einfetten und sowohl Rand als auch Boden mit Mehl bestäuben. Arbeitsfläche mit Mehl bestäuben. Den Teig darauf nach der Ruhezeit ausrollen. Achten Sie darauf, dass der ausgerollte Teig eine etwa kreisrunde Form haben sollte, damit er in die Form passt.

4 Legen Sie den Teig in die Form. Einen halben Esslöffel Salz in zwei Esslöffel kaltem Wasser auflösen und den Teig damit bestreichen. Mit wahlweise Sesam- oder Fenchelsamen dekorieren und nochmals ca. 20 Minuten ruhen lassen.

5 In der Zwischenzeit den Backofen auf 200 °C (Ober-/Unterhitze) vorheizen. Das Brot in den Ofen geben und etwa 50 - 60 Minuten backen, bis es leicht goldbraun wird. Lösen Sie das Brot vorsichtig aus der Form und lassen Sie es gut abkühlen.

Zubereitungstipp: Das Brot kann auch in einer Kastenform oder als Laib gebacken werden.

BOBOTIE –
HACKFLEISCHBRATEN AUS SÜDAFRIKA

4 Port.

1 Std.
10 Min.

Mittel

Zutaten

1 Scheibe Weißbrot
(alternativ: 1 - 2 kleine Bananen)
1000 g Hackfleisch (Rind)
250 ml Milch
1 Zwiebel
4 TL Marillenmarmelade
4 TL Früchte-Chutney
40 g Rosinen
40 g Mandeln, gehackt
1 Zitrone
2 - 3 Eier
1 TL Kardamom
2 - 3 TL Currypulver
2 TL Salz
2 TL Olivenöl
4 Lorbeerblätter

1 Das Brot in 125 ml Milch einweichen. Pressen Sie das Brot aus und vermischen Sie es mit dem Hackfleisch. Die Zitrone pressen und den Saft beiseitestellen. Zwiebel schälen und fein hacken.

2 Das Hackfleisch mit der Zwiebel, der Marmelade, dem Früchte-Chutney, den Rosinen, den Mandeln, dem Kardamom und dem Currypulver nach und nach vermengen. Salz hinzugeben und nochmals vermengen.

3 Erhitzen Sie das Öl in einer Pfanne und braten Sie das gemischte Hack bei niedriger Hitze an. Geben Sie danach das Fleisch in eine Backform. Mischen Sie die Eier mit der restlichen Milch und verteilen Sie das Eier-Milch-Gemisch gleichmäßig über das Hackfleisch. Mit Lorbeerblättern zudecken und dann im Ofen (180 °C Umluft) etwa 40 Minuten backen. Wenn die Oberfläche braun ist, ist das Bobotie fertig.

Nährwerte p. P.

1056 kcal
47 g Kohlenhydrate
68 g Fett
60 g Eiweiß

Zubereitungstipp: Alternativ zu dem Weißbrot kann man Bananen verwenden. Diese können, ohne in Milch eingeweicht zu werden, mit dem Hack vermengt werden.

SAMOSAS SÜDAFRIKANISCHER ART

4 Port. 1 Std. 25 Min. Mittel

Zutaten

500 g Hackfleisch (Rind)
1 Paket Yufka-Teigblätter
3 EL Butter
1 TL Kurkuma
1 Prise Salz
1 TL Garam Masala (indische Würzmischung)
1 Knoblauchzehe
2 cm Ingwer
2 mittelgroße Zwiebeln
1 Chilischote
3 Frühlingszwiebeln
1 EL Erbsen (TK)
1 ½ EL Koriandergrün
Öl zum Frittieren
Mehl und Wasser (zum Bestreichen)

Nährwerte p. P.

252 kcal
28 g Kohlenhydrate
13 g Fett
5 g Eiweiß

1 Zwiebeln schälen und fein hacken. Knoblauch pressen, Frühlingszwiebeln und Chilischote ebenfalls kleinschneiden. Ingwer fein reiben. Das Hackfleisch in eine Pfanne geben und mit Kurkuma würzen. Braten, bis es durch ist, und darauf achten, dass es nicht zu trocken wird. Würzen Sie das Hackfleisch mit Salz. Knoblauch, Zwiebeln, Ingwer und Chili hinzugeben und alles vermischen. Mischung ein wenig braten lassen.

2 Unterdessen Butter schmelzen. Koriandergrün hacken und unter die Masse rühren. Ebenso mit Frühlingszwiebeln, Garam Masala, geschmolzener Butter und Erbsen verfahren. Streichen Sie die Füllung auf die Mitte der Teigdreiecke und falten Sie diese, indem Sie beide Seiten einmal umklappen. Die noch offene Seite kann zugeklebt werden, indem Sie mit Mehl und Wasser bestrichen wird. Die Taschen etwa 30 Minuten kühl ruhen lassen.

3 Zum Schluss die gekühlten Taschen in reichlich heißes Öl geben und frittieren, bis sie bräunlich werden. Auf Küchenpapier abtropfen lassen.

Zubereitungstipp: Für eine vegetarische/vegane Variante kann das Fleisch problemlos durch Fleischersatz, aber auch durch reichlich Gemüse ersetzt werden.

SAUCE GRAINE –
IVORISCHER EINTOPF MIT FUFU

6 Port. 1 Std. Mittel

Zutaten

1000 g Kalbsfleisch
3 - 4 Tomaten
2 mittelgroße Zwiebeln
200 g getrocknete Shrimps
850 ml püriertes Palmöl-Fruchtfleisch (Dose)
2 Knoblauchzehen (oder frischer Ingwer)
1 Brühwürfel Gemüse
2 l Wasser
Öl (zum Braten)
Salz, Pfeffer
1 - 2 Chilis
getrocknete Ugu-Blätter
600 g Basmati-Reis
175 g Fufu-Mehl
150 g Kartoffelmehl
2 EL Milch (3,5 % Fett)
(nach Belieben)

Nährwerte p. P.

896 kcal
40 g Kohlenhydrate
38 g Fett
35 g Eiweiß

1 Als Erstes das Gemüse für den Eintopf vorbereiten. Die Zwiebeln schälen und in gleichmäßige Scheiben schneiden. Schälen Sie ebenso die Knoblauchzehen und hacken Sie diese fein. Tomaten waschen und würfeln. Chilischoten in dünne Streifen schneiden. Das Fleisch in mundgerechte Stücke schneiden. Geben Sie das Öl in einen großen Topf und braten Sie die Fleischstücke darin an. Knoblauch und Zwiebeln dazugeben und mitbraten. Zum Schluss die Tomatenwürfel dazugeben.

2 Für die Sauce Graine das Palmöl-Fruchtfleisch zu dem Fleisch geben und alles kräftig umrühren. Den Brühwürfel in die Sauce Graine hineinbröseln lassen. Etwa 1 l Wasser hinzugeben und zum Kochen bringen. Sobald das Wasser kocht, runterschalten und bei geringer Hitze köcheln lassen.

3 Geben Sie nach etwa 15 Minuten Kochzeit etwa 200 g Shrimps, nach Geschmack auch weniger, und Ugu-Blätter hinzu. Nochmals 15 Minuten köcheln lassen. Sobald die Sauce eine dickliche Konsistenz erreicht hat, bildet sich an der Oberfläche eine Schicht Öl. Diese kann abgeschöpft werden und die Sauce Graine ist fertig.

4 In der Zwischenzeit Reis und Fufu zubereiten. Für den Reis Wasser in einem Topf zum Kochen bringen. Prise Salz hinzufügen und den Reis hineingeben. Lassen Sie den Basmati-Reis etwa 20 Minuten kochen und gießen Sie ihn dann ab.

5 Für das Fufu etwa 500 ml Wasser in einem Topf aufkochen. Geben Sie das Fufu-Mehl und das Kartoffelmehl hinzu und rühren Sie kräftig. Rühren Sie die Milch löffelweise unter das Fufu. Die Konsistenz sollte der eines Breis ähneln, aber trocken genug sein, um mit den Händen gegessen werden zu können. Fufu ein wenig auskühlen lassen und Sauce Graine mit Salz und Pfeffer abschmecken.

Serviertipp: Traditionell wird Fufu mit den Händen gegessen. Man kann dazu ovale Bällchen aus dem Fufu formen und mit diesen in die Sauce Graine „dippen".

KELEWELE –
FRITTIERTE KOCHBANANEN AUS GHANA

 4 Port.

 2 Std. 15 Min.

 Leicht

1 Schälen Sie die Zwiebeln und schneiden Sie sie in Stücke. Den Ingwer reiben. Zwiebeln mit Ingwer, Salz und Cayennepfeffer vermischen. Zitrone auspressen. Den Saft zum Zwiebelgemisch hinzufügen und alles pürieren.

2 Schälen Sie die Kochbananen. In zwei Hälften schneiden, dann vierteln. Legen Sie die Kochbananen in das Zwiebelgemisch ein und lassen Sie sie etwa zwei Stunden ziehen.

3 Nach der Ruhezeit Kokosöl erhitzen und die Bananen darin frittieren, bis der Rand knusprig ist.

Zutaten

4 Kochbananen
2 Zwiebeln
½ Zitrone
etwas frischer Ingwer
1 TL Gemüse- oder Hühnerbrühe
1 Prise Cayennepfeffer
1 Prise Salz
Kokosöl

Nährwerte p. P.

252 kcal
36 g Kohlenhydrate
13 g Fett
1 g Eiweiß

Serviertipp: Frittierte Bananen mit frischen Kräutern bestreuen und mit Dip servieren.

COUSCOUS AUF MAROKKANISCHE ART

4 Port.   45 Min.   Leicht

Zutaten

300 g Rinderhackfleisch
300 g Couscous
180 ml Rindfleischbrühe
2 Schalotten
400 g Tomaten
2 grüne Paprikaschoten
160 g Mais
3 Stiele Petersilie u.
Koriander
1 EL getrocknetes
Curryblatt
1 Prise gemahlener
Kreuzkümmel
1 EL Tomatenmark
2 - 3 EL Olivenöl
1 TL braune Senfsamen
1 Stange Zimt
½ TL gemahlener
Bockshornklee
Salz, Pfeffer

Nährwerte p. P.

521 kcal
62 g Kohlenhydrate
18 g Fett
28 g Eiweiß

1 Wasser kochen. Sobald Kochtemperatur erreicht ist, Tomaten damit überbrühen. Abgießen, dann mit kaltem Wasser abschrecken und häuten. Enthäutete Tomaten vierteln und würfeln. Schälen Sie die Schalotten und schneiden Sie sie in dünne Streifen.

2 Waschen Sie die Paprikaschoten und schneiden Sie sie in kleine Würfel. Den Mais abgießen und mit kaltem Wasser abbrausen. Dann abtropfen lassen. Petersilie und Koriander ebenso waschen. Schütteln Sie die Kräuter trocken, dann fein hacken.

3 Bereiten Sie den Couscous nach Packungsanleitung zu. In der Zwischenzeit in einer mittelgroßen Pfanne das Öl erhitzen. Geben Sie die Schalotten, die Zimtstange, Curryblatt, Senfsamen, Bockshornklee und Kreuzkümmel in die Pfanne und dünsten Sie alles bei mittlerer Hitze glasig. Sobald die Schalotten glasig werden, das Hackfleisch hinzufügen und stark erhitzen. Ca. 5 - 10 Minuten unter gleichmäßigem Wenden braten, bis es krümelig wird.

4 Zum Schluss die Tomatenwürfel gemeinsam mit dem Mais und dem Tomatenmark hinzugeben und unterrühren. Insgesamt ca. fünf Minuten bei mittlerer Hitze köcheln lassen. Geben Sie danach die Brühe dazu und lassen Sie alles nochmals sechs Minuten köcheln.

5 Paprika und Couscous hinzugeben und vermengen. Alles mit Salz und Pfeffer abschmecken und mit einem Deckel bedeckt etwa 10 - 15 Minuten schmoren lassen. Dann mit den Kräutern vermengen und heiß servieren.

TUNESISCHE SESAM-HONIG-TARTELETTES

8 Port.   25 Min.   Leicht

Zutaten

6 - 8 Tartelettes
225 g Sesam, hell
175 g Honig (z. B. Blütenhonig)
80 g Butter
100 g Haselnüsse
20 g Pistazien, gehackt
Obst (zur Deko)

Nährwerte p. P.

193 kcal
41 g Kohlenhydrate
2 g Fett
8 g Eiweiß

1 Fertige Tartelettes sind in jedem herkömmlichen Supermarkt erhältlich und eignen sich bestens als Grundlage für dieses leckere Dessert. Als Erstes die Sesamkörner rösten. Dazu sie in eine Pfanne ohne Öl geben und bei mittlerer Hitze rösten, bis sie hellbraun werden. Lassen Sie die Sesamkörner abkühlen und rösten Sie die Haselnüsse, bis sie sich leicht zu schälen beginnen.

2 Haselnüsse auskühlen lassen und Schalenreste leicht abreiben. Butter und Honig in einer Pfanne bei mittlerer Hitze schmelzen. Vom Herd nehmen und die abgekühlten Haselnüsse kleinhacken. Gemeinsam mit dem Sesam in einem Mixer gut durchmischen. Honig-Butter nach und nach zu Nüssen und Sesam zugeben und vermixen, bis eine cremige Masse entsteht.

3 Verteilen Sie die Sesampaste auf den Tartelettes und streichen Sie sie glatt. Die Tartelettes werden mit Pistazien und Obst serviert.

CACHUPA RICA –
SPEZIALITÄT VON DEN KAPVERDEN

4 Port.   1 Tag   Mittel

Zutaten

300 g Mais, trocken
200 g rote Bohnen, trocken
200 g Schweinekotelett
100 g gepökelter Schweinebauch
2 Hühnerschenkel
2 - 3 Zwiebeln
2 Süßkartoffeln, mittelgroß
1 Banane, grün
1 - 2 Möhren, mittelgroß
etwas Kohl oder Kürbis,
saisonal
4 - 6 Kartoffeln
2 Lorbeerblätter
3 Tomaten
2 Knoblauchzehen
80 ml Olivenöl
1 Prise Piment (Nelken-
pfeffer)
Salz, Pfeffer

Nährwerte p. P.

335 kcal
35 g Kohlenhydrate
10 g Fett
23 g Eiweiß

1 Geben Sie am Vortag Mais und Bohnen in einen großen Topf mit kaltem Wasser und lassen Sie diese über Nacht einweichen. Am nächsten Tag Mais und Bohnen abgießen, sieben und mit frischem Wasser bedeckt in einem großen Topf kochen. Lorbeerblätter ebenfalls dazugeben. Etwa 2 - 3 Stunden kochen lassen, bis der Mais weich ist.

2 In der Zwischenzeit Zwiebeln würfeln und Knoblauch fein schneiden. Schälen Sie die Süßkartoffeln, Möhren, Kartoffeln, Banane und ggf. den Kürbis und schneiden Sie die Zutaten in etwa gleich große Würfel. Tomaten ebenfalls in Würfel schneiden. Alles mit etwas Olivenöl etwa 20 - 30 Minuten bei mittlerer Hitze in einem Topf garen, bis es bissfest ist.

3 Unterdessen Schweinekotelett, Schweinebauch und Hühnerschenkel mit etwas Öl in eine Pfanne geben. Von allen Seiten scharf anbraten, dann zum Gemüse hinzugeben und mitkochen.

4 Zum Schluss den fertig gekochten Mais und die Bohnen zum Gemüseeintopf geben. Wenn gewünscht, mit Gemüse- oder Fleischbrühe bzw. Weißwein abschmecken. Alles 20 - 25 Minuten köcheln lassen, sodass das Gemüse weichgekocht ist. Salz, Pfeffer und Piment hinzufügen und servieren.

Zubereitungstipp: Das Cachupa kann als vegetarische Variante alternativ ohne oder mit Fleischersatzprodukten zubereitet werden. Hierzu bieten sich vor allem jene an, die Grillfleisch nachahmen.

MUBOORA –
KÜRBISBLÄTTER AUS SIMBABWE

3 Port.   15 Min.   Leicht

Zutaten

500 ml Wasser
1 Bund Muboora
(Kürbisblätter)
1 TL Natron
1 TL Salz
5 EL Pflanzenöl
2 Tomaten
1 Zwiebel, klein

Nährwerte p. P.

81 kcal
6 g Kohlenhydrate
1 g Fett
9 g Eiweiß

1 Kürbisblätter waschen und trocken-schütteln. Den Stil anbrechen und die Seide von den Blättern abziehen. Dem Stiel nach die Kürbisblätter aufschneiden. Tomate und Zwiebeln fein hacken.

2 Wasser und Natron in einen Topf geben und zum Kochen bringen. Kürbisblätter in das Wasser geben und den Topf mit Deckel zudecken. Kochen Sie die Blätter ca. fünf Minuten auf und rühren Sie dabei gelegentlich um. Danach die Kürbisblätter abgießen und in einem Sieb auffangen.

3 Pflanzenöl, Salz, Zwiebeln und Tomaten in einen leeren Topf geben. Die Kürbisblätter hinzufügen und erhitzen. Alles gut durchrühren und bei geschlossenem Deckel weitere zehn Minuten köcheln lassen. Als Beilage oder Hauptspeise servieren.

Zubereitungstipp: Zur Zubereitung eignen sich jegliche Blätter essbarer Kürbisse, nicht jedoch solche von Zierkürbissen, da diese nicht zum Verzehr geeignet sind. Traditionell werden Muboora mit Maisbrei serviert.

JOLLOF –
NIGERIANISCHES REISGERICHT

4 – 6 Port.

1 Std. 15 Min.

Schwer

Zutaten

Für die Obe ata Soße:
1 Dose Tomaten, geschält, mit Saft
1 Paprika, rot
½ Zwiebel, rot
4 Knoblauchzehen
2 cm Ingwer
1 Chilischote (z. B. Habanero)
1 EL Pflanzenöl

Für den Jollof Reis:
80 ml Pflanzenöl
4 Knoblauchzehen
1 Zwiebel, rot
500 g Langkornreis
2 EL Tomatenmark
1 TL Paprikapulver, rauchig
1 TL Kurkuma (Pulver)
6 Zweige Thymian, frisch
1 Lorbeerblatt
500 ml Gemüse- oder Hühnerbrühe
Salz, Pfeffer

Nährwerte p. P.

400 kcal
42 g Kohlenhydrate
9 g Fett
36 g Eiweiß

1 Das Jollof wird mit einer Soße serviert (Obe ata). Hierzu zunächst die Paprika, eine Zwiebel, den Knoblauch und den Ingwer fein hacken. Chilischote entkernen und ebenfalls fein schneiden. Alles gemeinsam mit Tomaten und Tomatenflüssigkeit mit einem Stabmixer pürieren, bis die Masse glatt ist.

2 Öl in einem Topf erhitzen. Glatt pürierte Masse hinzugeben und alles zum Kochen bringen. Reduzieren Sie die Hitze und lassen Sie die Soße mit einem Deckel zugedeckt etwa 20 Minuten köcheln. In der Zwischenzeit die zweite Zwiebel in Ringe schneiden und Knoblauch hacken.

3 Heizen Sie den Backofen auf 175 °C (Ober-/Unterhitze) vor. Öl in einen ofenfesten Topf geben und bei mittlerer Hitze auf dem Herd erhitzen. Geben Sie die Zwiebel dazu und dünsten Sie sie ca. sechs Minuten glasig, ab und an rühren, damit nichts anbrennt.

4 Geben Sie etwa die Hälfte der angebratenen Zwiebeln auf einen Teller und stellen Sie diesen beiseite. Geben Sie den Knoblauch zu den Zwiebeln in den Topf und braten Sie alles an, bis der Knoblauch ebenfalls glasig ist. Fügen Sie das Tomatenmark, das Kurkuma und das geräucherte Paprikagewürz hinzu. Die Mischung rösten, bis sie eine dunkelrote Farbe annimmt.

5 Rühren Sie die Obe ata Soße ein und bringen Sie alles zum Kochen. Geben Sie die Brühe, den Reis, Thymian und das Lorbeerblatt hinzu und vermischen Sie alles gründlich. Salz und Pfeffer hinzugeben, den Topf mit einem Deckel schließen und in den Ofen geben. Alles für etwa 30 - 40 Minuten im Ofen kochen lassen, bis der Reis gar ist.

6 Sobald der Reis weich geworden ist, alles etwa 10 - 20 Minuten ruhen lassen. Dabei nicht den Deckel entfernen, da dieser wichtig für den Dünstungsprozess des Reises ist. Sobald alles fertig ist, restliche Zwiebeln unter das Jollof mischen. Das Lorbeerblatt und die Thymianzweige rausnehmen, alles nochmals würzen und abschmecken.

Zubereitungstipp: Wenn Sie sensibel auf Schärfe reagieren, können Sie die Chilischote auch weglassen. Seien Sie auf jeden Fall vorsichtig, sobald die Soße erhitzt wird, da die Öle des Chili im Auge brennen können.

MALAGASY –
KUCHEN AUS MADAGASKAR

6 Port. 1 Std. Leicht

Zutaten

250 ml Milch
1 EL Rum
4 Eier
1 TL Vanilleextrakt
1 Vanilleschote
120 g Mehl
100 g Zucker
Prise Salz
500 g entsteinte Süß-
kirschen

1 Backofen auf 200 °C (Ober-/Unterhitze) vorheizen. Sechs kleine Förmchen (z. B. Muffin- oder Tartelette-Formen) mit Butter einfetten.

2 Eier und Zucker schaumig schlagen. Milch, Rum, Vanilleextrakt und das Innere der Vanilleschote hinzufügen und alles glattrühren. Mehl und Salz hinzufügen, alles cremig rühren. Kirschen in die Förmchen geben und den Teig darübergießen.

3 Alles für zehn Minuten backen, danach die Hitze auf 180 °C reduzieren. Nochmals für etwa 35 Minuten backen. Auf dem Rost etwa 20 Minuten abkühlen lassen.

Nährwerte p. P.

176 kcal
33 g Kohlenhydrate
31 g Fett
3 g Eiweiß

Serviertipp: Die Törtchen mit Puderzucker bestreuen und mit frisch geschlagener Sahne servieren!

Asien

PAD THAI AUS THAILAND

2 Port.   30 Min.   Mittel

Zutaten

200 g Reisnudeln
3 Schalotten
2 Knoblauchzehen
2 Limetten
100 g Tofu, fest
1 Frühlingszwiebel
60 g Rettich, eingelegt
2 - 3 EL Erdnüsse, geröstet
2 Eier
100 g Sprossen (z. B. von Mungbohnen)
Salz, Pfeffer

Für die Soße:

1 TL Tamarindenpaste
1 ½ EL Kokosblütenzucker
50 ml Fischsoße
2 EL pflanzliches Öl
½ TL rote Chiliflocken
10 Garnelen, roh, ohne Schale

Nährwerte p. P.

1047 kcal
157 g Kohlenhydrate
24 g Fett
48 g Eiweiß

1 Weichen Sie die Nudeln für etwa 15 Minuten in lauwarmem Wasser ein. Schälen Sie die Schalotten und den Knoblauch. Die Schalotten werden halbiert und in feine Ringe geschnitten. Den Knoblauch und die Frühlingszwiebel fein hacken. Tofu und Rettich würfeln. Schlagen Sie die Eier in einer Schüssel auf und verquirlen Sie sie mit Hilfe einer Gabel. Hacken Sie die Erdnüsse klein, indem Sie diese mit einem Mörser zerstoßen oder in einem Mixgerät zerkleinern. Die Sprossen säubern und die Limetten vierteln. Gießen Sie die Nudeln ab und lassen Sie sie in einem Sieb abtropfen.

2 Soße vorbereiten. Dazu Tamarindenpaste, Kokosblütenzucker, Chiliflocken und Fischsoße in eine Schüssel mit 200 ml Leitungswasser geben und alles kräftig vermixen. Erhitzen Sie eine Pfanne auf mittlerer Stufe und geben Sie etwas Öl hinein. Dünsten Sie darin die Schalotten und den weißen Teil der Frühlingszwiebeln an und geben Sie nach etwa einer halben Minute den Knoblauch hinzu. Kurz dünsten, dann Rettich und Tofu hinzufügen und für eine weitere halbe Minute anbraten.

3 Nudeln hinzufügen und die Mischung gut verrühren. Ungefähr zwei Drittel der Soße hinzufügen und alles gut mischen. Die Nudeln werden durch diesen Vorgang gar gekocht, sollten dabei nicht zu weich werden, aber auch nicht zu hart bleiben. Nudeln nach Garvorgang an die Seite der Pfanne scheiben und ein wenig Öl auf die freie Fläche der Pfanne geben. Garnelen dazugeben und von jeder Seite für etwa eine halbe Minute lang anbraten. Danach zu den Nudeln auf die andere Seite der Pfanne schieben.

4 Nochmals Öl in die Pfanne geben und das verquirlte Ei darin anbraten. Die Eimasse sollte etwas stocken, dann zerteilen und wie Rührei zubereiten. Wenn das Ei fest geworden ist, mit dem Rest der Pfanne vermengen. Zum Schluss Sprossen, das Grün der Frühlingszwiebeln und Erdnüsse hinzufügen. Vermischen Sie alles gründlich und lassen Sie die Masse kurz ziehen. Mit Limette abschmecken und ggf. mit Chili, Salz und Pfeffer nachwürzen. Warm servieren.

Zubereitungstipp: Wenn die Nudeln nicht gar werden sollten, kann mit der restlichen Soße oder warmem Wasser nachgeholfen werden. Die restliche Soße wird andernfalls gegen Ende mit dem fertigen Gericht serviert.

PEKINGENTE

4 Port.   50 Min.   Schwer

Zutaten

1 Ente, küchenfertig

Für die Blanchierflüssigkeit:
10 g Orangenschale, getrocknet
2 Stück Ingwer, mittelgroß
1 Stück Sternanis
1 - 2 EL Hoisin-Soße (kantonesische Soße aus Sojabohnen)
140 ml Reisessig, weiß

Für die Marinade:
1 Frühlingszwiebel
2 Knoblauchzehen
1 Stück Ingwer
1 - 2 EL Zucker
1 EL Blütenhonig
2 EL Reiswein (Shaoxing)
1 EL Schwarze Bohnen-Knoblauch-Soße
1 TL 5-Gewürze-Pulver (besteht aus echtem Sternanis, Szechuan-Pfeffer, Zimtkassie, Fenchel und Gewürznelke)
2 - 3 EL Sojasoße, dunkel
1 EL pflanzliches Öl
Salz, Pfeffer

Nährwerte p. P.

567 kcal
0 g Kohlenhydrate
43 g Fett
45 g Eiweiß

1 Reinigen Sie die Ente gut, indem Sie diese unter lauwarmem Wasser außen und innen waschen. Sollte noch überschüssiges Fett an der Ente vorhanden sein, entfernen Sie dies vom hinteren Ende und den Flügelspitzen.

2 Bereiten Sie die Blanchierflüssigkeit zu, indem Sie zwei Liter Wasser in einem sehr großen Topf zum Kochen bringen. Schälen Sie den Ingwer und schneiden Sie ihn in Scheiben. Geben Sie den Ingwer zusammen mit Sternanis und Orangenschale in den Topf. Lassen Sie alles für etwa 15 Minuten kochen.

3 Die Hoisin-Soße mit Reisessig und Honig vermengen. Alles mit in den Topf geben und gemeinsam kochen lassen, bis es sich auflöst.

4 Die Ente wird aufgehängt, indem entweder ein Fleischerhaken oder wahlweise Küchenzwirn zur Hilfe genommen wird. Dazu entweder den Haken durch das Ende der Ente bohren oder den Küchenzwirn um die Brust (etwa unterhalb der Flügel) zusammenbinden und aufhängen.

5 Halten Sie die Ente mit einer Hand über den Topf mit der kochenden Blanchierflüssigkeit. Mit der anderen Hand können Sie diese mit einer Schöpfkelle über die Ente schenken. Etwa 12-16-mal Flüssigkeit über die Ente gießen und dabei keine Stelle auslassen. Die Ente wird im Anschluss an einem kühlen Ort aufgehängt. Dazu eignen sich z. B. Speisekammer oder Keller. Die Ente über Nacht hängen lassen, bis die Haut wieder trocken ist.

6 Am darauffolgenden Tag den Backofen auf 175 °C (Umluft) vorheizen. Marinade zubereiten. Dazu Knoblauch und Ingwer schälen und fein hacken. Frühlingszwiebel ebenso kleinschneiden. Verrühren Sie die Zutaten gut und befüllen Sie die Ente damit. Vordere und hintere Öffnung mit Küchenzwirn verschließen, sonst läuft die Marinade aus.

7 Legen Sie die Ente mit der Brust nach oben auf ein Backgitter und geben Sie das Gitter auf eine untere Schiene in den Ofen. Auf der untersten Schiene ein Backblech einschieben, das mit Wasser gefüllt ist. So wird das Fett aufgefangen, und ein sanftes Garen gewährleistet.

8 Die Ente ca. 1,5 - 2 Stunden braten. Stechen Sie die Haut möglichst nicht ein, da das Fett für den Garvorgang benötigt wird. Nach dem Garvorgang die Ente aus dem Ofen nehmen und etwa 20 Minuten ruhen lassen. Das aufgefangene Fett kann gesiebt werden und der überbleibende Fond zu einer Soße aufgekocht werden. Öffnen Sie die Ente am hinteren Ende und geben Sie die Marinade in den Topf zum Fond. Alles noch mal einkochen und mit Salz und Pfeffer abschmecken.

JAPANISCHES SUSHI

4 Port.   1 Std.   Mittel

Zutaten

250 g Sushi-Reis
4 EL Reisessig
100 - 200g geräucherter
Fisch, optional Garnelen
100 – 200 g frischer,
roher Fisch (z. B. Lachs)
80 g Salatgurke
80 g Möhren
1 Avocado
2 - 3 Blätter Nori
(Algenblätter)
Sojasoße und Wasabi
eingelegter Ingwer (Gari)
1 TL Zucker
1 TL Salz

Nährwerte p. P.

348 kcal
78 g Kohlenhydrate
0 g Fett
7 g Eiweiß

1 Als Erstes den Reis kochen. Dazu den Reis zunächst gründlich waschen. Dadurch löst sich die Stärke von den Samenschalen. 400 ml Wasser mit Reis zum Kochen bringen lassen, dann für etwa 15 Minuten auf niedrigster Stufe köcheln lassen. Vom Herd nehmen, beiseitestellen und zwischen Deckel und Topf ein Trockentuch legen. Den Sushi-Reis ca. 10 - 20 Minuten quellen lassen.

2 Reisessig mit Zucker und Salz vermischen. Zum fertigen Reis hinzugeben und alles mit einem Holzlöffel gut verrühren. Das Zucker-Salz-Verhältnis kann beliebig variiert werden.

3 Die restlichen Zutaten vorbereiten. Dazu Fisch, Avocado und Gurke in Streifen schneiden, die etwa 1 cm dick sein sollten. Möhren etwas feiner schneiden.

4 Maki und Nigiri rollen. Dazu ein wenig kaltes Wasser in eine Schale geben und idealerweise eine Bambusmatte zum Rollen des Sushis bereithalten. Für Maki-Sushi ein Nori-Blatt auf der Bambusmatte platzieren, sodass die langen Seiten parallel zum Tisch verlaufen. Bedecken Sie den Großteil des Blattes mit einer dünnen Schicht Reis. Lassen Sie dabei ein kurzes Ende unbedeckt. Positionieren Sie die gewählte zusätzliche Zutat an das vordere Ende direkt auf dem Reis. Mit der Bambusrolle das Sushi von dieser Seite aus aufrollen. Das unbelegte Ende des Blattes anfeuchten und an dieser Stelle zukleben. Danach mit einem scharfen Messer mundgerechte Stücke von der Rolle abschneiden.

Tipp: Für Nigiri-Sushi benötigen Sie keine Nori-Blätter. Dazu den Sushi-Reis mit angefeuchteten Fingern vorsichtig zu Bällchen Formen. Dann mit beliebiger Zutat, z. B. Möhrenstreifen, belegen. Mit Sojasoße, Wasabi und eingelegtem Ingwer servieren.

Zubereitungstipp: Für exotischere Varianten können Früchte wie z. B. Mango zum Sushi hinzugefügt werden. Sushi-Reis nicht einkühlen, da er sonst hart wird.

KOREANISCHES BIBIMBAP

2 Port.   45 Min.   Leicht

Zutaten

Für den Reis:
100 g Naturreis (Rundkorn)
2 EL dunkler Reis
3 EL Dinkel

Für die Shiitake:
50 g frische Shiitake (japanische Pilze)
2 TL Erdnussöl
½ TL Salz
Pfeffer

Für den Seitan:
1 TL Erdnussöl
60 g Seitan
2 TL Sojasoße

Für den Spinat:
120 g Spinat
1 TL Sojasoße
1 EL Sesamöl
1 TL Sesam

Für das Gochujang-Dressing:
2 - 3 EL Gochujang (fermentierte koreanische Gewürzpaste)
2 TL Sesamöl
1 EL Wasser
2 TL gerösteter Sesam
1 EL Reisessig

Außerdem:
1 Möhre
80 g Kimchi
½ Salatgurke
60 g Rotkohl
60 g Bohnensprossen (z. B. Mungbohnen)
1 Radieschen
4 TL gerösteter Sesam

Nährwerte p. P.
532 kcal
49 g Kohlenhydrate
24 g Fett
29 g Eiweiß

1 Vermischen Sie Reis und Dinkel Gerste und geben Sie beides in einen Topf mit ca. der 1,5-fachen Menge Wasser. Wenige Minuten lang aufkochen lassen, dann bei niedrigster Stufe etwa 45 Minuten quellen lassen.

2 Überbrühen Sie den Spinat mit kochendem Wasser und lassen Sie ihn für etwa zwei Minuten stehen. Gießen Sie ihn ab und drücken Sie ihn gut aus. Sojasoße, Sesamöl und Sesam hinzufügen und gut vermengen.

3 Schneiden Sie die Shiitake-Pilze in Scheiben. Erhitzen Sie eine Pfanne und geben Sie Öl hinzu. Braten Sie die Pilze für etwa 10 – 15 Minuten bei mittlerer Hitze und salzen und pfeffern Sie nach Geschmack.

4 Schneiden Sie den Seitan in dünne Scheiben. Nochmals Öl in der Pfanne erhitzen und den Seitan etwa fünf Minuten unter Bewegung anbraten. Löschen Sie den Seitan mit Sojasoße ab, nehmen Sie ihn aus der Pfanne und halten Sie ihn warm.

5 Gochujang, Sesamöl, Wasser, Sesam und Reisessig verrühren, bis eine homogene Masse daraus entsteht. Möhre, Gurke, Radieschen und Kraut mundgerecht schneiden. Die Möhre kann nach Geschmack auch gedämpft werden, bis sie bissfest ist.

6 Richten Sie alles zusammen in einer Schüssel (Bowl) an und garnieren Sie das Bibimbap mit Sesam. Das Dressing wird separat serviert und kann vor dem Essen nach Geschmack hinzugefügt werden. Klassischerweise wird das Bibimbap vor dem Essen gut miteinander vermengt.

Zubereitungstipp: Bibimbap gibt es in allen möglichen Variationen. So kann der Seitan z. B. durch Hühnchenfleisch oder Rind ersetzt werden, wenn keine vegetarische Variante gewünscht ist.

RUSSISCHER HONIGKUCHEN

8 Port.   7 Std.   Mittel

Zutaten

Für den Teig:
3 - 4 Eier (Größe M)
300 g Mehl (Type 405)
250 g Waldblütenhonig
2 EL Walnusskerne
1 EL Essig
1 EL Natron
1 Prise Salz

Für das Zuckerwasser:
120 ml Wasser
75 g Zucker

Für die Creme:
275 g Kondensmilch, gezuckert & karamellisiert
750 g saure Sahne oder Schmand beziehungsweise Crème fraîche

Nährwerte p. P.

516 kcal
56 g Kohlenhydrate
23 g Fett
18 g Eiweiß

1 Bringen Sie das Wasser zum Kochen und rühren Sie den Zucker ein. Anschließend beiseitestellen. Eier und Honig in eine Rührschüssel geben. Fügen Sie das Salz hinzu und vermischen Sie alles für etwa fünf Minuten mit dem Mixer.

2 Den Ofen auf 170 °C (Ober-/Unterhitze) vorheizen. Vermengen Sie das Natron mit dem Essig und rühren Sie es gemeinsam mit dem Mehl in den Teig ein. Eine kleine Schicht des Teiges auf einem mit Backpapier ausgelegtem Backblech sehr dünn ausstreichen. Backblech für etwa sieben Minuten in den Ofen geben. Wenn möglich ein zweites Backblech ebenso vorbereiten und parallel backen, ansonsten nacheinander.

3 Sobald der Teig aus dem Ofen ist, den Teig mit Hilfe eines Tortenrings rund ausschneiden. Bewahren Sie die Tortenränder auf. Die Böden unterdessen in ein Küchentuch wickeln, so werden sie nicht hart. Verfahren Sie auf diese Art, bis der Teig aufgebraucht ist.

4 Geben Sie die Teigränder in einen Mixer. Walnusskerne hinzufügen und alles zerkleinern. In einer weiteren Rührschüssel die Kondensmilch mit der sauren Sahne verrühren, bis eine homogene Creme entsteht.

5 Geben Sie den ersten Boden auf einen Teller oder eine Tortenplatte, bestreichen Sie ihn mit dem Zuckerwasser und streichen Sie eine dünne Schicht Creme darauf. Auf diese Art Schichten bauen, bis alle Teigplatten verbraucht sind. Zum Schluss die ganze Torte mit der restlichen Creme bestreichen und mit den Walnusskrümeln garnieren.

6 Geben Sie die Torte für mindestens sechs Stunden in den Kühlschrank und servieren Sie sie mit frischen Früchten.

DHAL SHOBRA –
INDISCHE LINSENCREMESUPPE

4 Port.   20 Min.   Leicht

Zutaten

850 ml Wasser
200 g Linsen, rot
2 TL Kurkuma, gemahlen
100 ml Schlagsahne
2 TL Ghee-Butter (alternativ Butterschmalz)
2 TL Kreuzkümmel, gemahlen
4 Korianderblätter
1 Zitrone
Prise Salz u. Pfeffer

Nährwerte p. P.

268 kcal
28 g Kohlenhydrate
12 g Fett
12 g Eiweiß

1 Linsen mit Kurkuma und Salz ins Wasser geben und für etwa 15 Minuten weichkochen. Unterdessen die Zitrone in Scheiben schneiden.

2 Die Linsen mit einem Pürierstab fein pürieren. Schlagsahne und Butterschmalz (Ghee) hinzufügen und gut untermischen. Kreuzkümmel hinzufügen, nach Geschmack salzen und pfeffern. Alles nochmals kurz aufkochen lassen, dann warm mit Zitrone und Koriander servieren

Zubereitungstipp: Für die Schärfe nach Geschmack Chili hinzugeben, harmoniert hervorragend.

ALOO MASALA AUS INDIEN

4 Port.

30 Min.

Leicht

Zutaten

2 Kartoffeln
1 Zwiebel
2 - 3 EL Olivenöl
1 Knoblauchzehe
15 g Cashewkerne,
ungesalzen, gemahlen
1 Stk. Ingwer
2 TL Paprikapulver,
edelsüß
1 TL Koriander,
gemahlen
1 TL Kurkuma,
gemahlen
1 TL Chilipulver
1 EL Garam Masala
(indische Gewürz-
mischung)
200 ml Milch
1 TL Salz
150 g Crème fraîche
Prise Pfeffer

Nährwerte p. P.

800 kcal
90 g Kohlenhydrate
45 g Fett
10 g Eiweiß

1 Kartoffeln in einen Topf mit Wasser geben und bei mittlerer Hitze garkochen. Zwiebel fein würfeln. Den Ingwer schälen und fein reiben, in einen Mörser geben und zerstoßen, bis daraus eine cremige Paste entsteht. Knoblauch schälen und kleinhacken.

2 Fertige Kartoffeln schälen und in Würfel schneiden. Mit einem Deckel bedeckt beiseitestellen. Die Zwiebeln in eine Pfanne mit Öl geben und rösten, bis sie goldbraun sind. Ingwerpaste und Knoblauch dazugeben und glasig braten. Geben Sie die Cashewkerne, das Chilipulver, Koriander, Garam Masala, das Paprikapulver, Salz und Kurkuma zu den Zwiebeln und rühren Sie während des Bratens alles gut durch. Mit ca. der Hälfte der Milch ablöschen. Alles nochmals erhitzen und aufkochen. Die Masse in ein großes Gefäß geben und mit Hilfe eines Pürierstabs fein mixen. Wieder in die Pfanne geben und nochmals erhitzen.

3 Geben Sie die Crème fraîche mit der restlichen Milch in eine Schüssel und vermengen Sie alles gut, bis es cremig ist. Schrittweise unter das Curry rühren. Kartoffeln zum Schluss hinzugeben und kurz ziehen lassen. Falls das Curry noch keine cremige Konsistenz hat, etwas mehr Milch einrühren. Warm servieren.

Serviertipp: Klassischerweise wird Curry mit Naan, einem indischen Fladenbrot, und Reis serviert.

KABULI PALAU -
AFGHANISCHER REIS

4 Port.   3 Std.   Schwer

Zutaten

2 Zwiebeln
250 g Lammfleisch
250 g Hähnchenfleisch
250 g Möhren
80 g gehackte Mandeln
80 g Rosinen
500 g Basmati-Reis
Prise Salz u. Pfeffer
500 ml Gemüsebrühe
1 TL Garam Masala
(indische Gewürz-
mischung)
1 TL Kardamom, ge-
mahlen
1 TL Koriander, gemah-
len
1 TL Zucker
1 - 2 EL pflanzliches Öl

Nährwerte p. P.

641 kcal
70 g Kohlenhydrate
22 g Fett
36 g Eiweiß

1 Den Reis spülen, bis das Wasser klar wird. Für ca. zwei Stunden mit Wasser bedeckt quellen lassen.

2 Zwiebeln würfeln. Fleisch von überschüssigem Fett und Sehnen befreien, danach zerteilen, sodass mundgerechte Stücke entstehen. Zwiebeln in eine große, heiße Pfanne mit Öl geben und anschwitzen. Fleisch hinzugeben, sobald die Zwiebeln glasig sind. Scharf abraten, bis es braun wird. Dann mit Gemüsebrühe ablöschen. Mit Garam Masala, Kardamom und Koriander würzen. Alles gemeinsam aufkochen lassen. Dann bei geschlossenem Deckel auf niedriger Hitze für ca. eine Stunde garen lassen.

3 Möhren putzen, schälen und mittels Reibe in grobe Stifte reiben. Öl in eine große Pfanne geben und erhitzen. Rosinen kurz anbraten, dann herausnehmen und Möhren hineingeben. Fügen Sie einen TL Zucker hinzu und dünsten Sie alles für etwa 3 - 4 Minuten an. Dann auch die Möhren herausnehmen und die gehackten Mandeln ebenso rösten.

4 Nach der Garzeit das Fleisch aus der Pfanne nehmen und an einem warmen Ort gut abgedeckt ruhen lassen. Die überschüssige Fleischbrühe in einen großen Topf geben und den Reis hinzufügen. Lassen Sie den Reis auf niedriger Stufe köcheln, bis keine Flüssigkeit mehr übrig ist.

5 Am Ende der Garzeit den Reis etwas abdampfen lassen, dann das Fleisch hinzugeben und alles mit Möhren, Mandeln und Rosinen bedecken. Mit einem Deckel abdecken und auf niedrigster Stufe ca. eine halbe Stunde ziehen lassen.

6 Das Kabuli Palau wird serviert, indem zunächst das Fleisch auf einen Teller gegeben wird. Danach folgt der Reis und zum Schluss die Mandeln, Rosinen und Möhren.

SOLOMON TORT AUS DER MONGOLEI

12 – 16 Port.

2 Std. 45 Min.

Leicht

Zutaten

500 g Weizenmehl
(Type 405)
250 g Butter
2 Dosen Kondensmilch,
gezuckert (ca. 800 g)

Nährwerte p. P.

254 kcal
33 g Kohlenhydrate
20 g Fett
9 g Eiweiß

1 Einen großen Topf mit Wasser füllen. Geben Sie eine Dose Kondensmilch in den Topf und lassen Sie das Wasser auf dem Herd aufkochen. Die Dose sollte ungefähr bis zur Hälfte bedeckt sein. Lassen Sie das Wasser etwa zwei Stunden köcheln. Nach einer Stunde die Dose vorsichtig umdrehen und von der anderen Seite kochen lassen.

2 Unterdessen den Teig zubereiten. Butter bei Zimmertemperatur weich werden lassen. Dann Mehl, weiche Butter und zweite Kondensmilch mischen, bis ein homogener Teig entsteht.

3 Den Ofen auf 180 °C vorheizen. Formen Sie aus dem Teig kleine Röllchen. Das geht auch mit Hilfe eines Fleischwolfs. Verteilen Sie die Röllchen auf einem mit Backpapier ausgelegtem Blech und geben Sie alles für ca. 15 Minuten in den Ofen. Die Kekse sollen gleichmäßig gebacken werden, weswegen es wichtig ist, im Blick zu haben, ob sie gewendet oder umverteilt werden sollen. Cupcake- oder Muffinformen vorbereiten.

4 Kekse abkühlen lassen. Die abgekühlten Kekse in eine Rührschüssel geben und warten, bis die Kondensmilch fertig gekocht ist. Die Kondensmilch sollte inzwischen zu einer Karamellsoße geworden sein. Entfernen Sie die Dose aus dem Wasser, öffnen Sie die Dose und geben Sie die Karamellsoße in die Rührschüssel. Anschließend alles gut vermengen.

5 In jede Muffinform etwa 2 EL der Mischung geben. Die Törtchen abkühlen lassen. Wenn die Törtchen im Kühlschrank kühlen, werden Sie danach knackiger und bissfest.

Serviertipp: Mit frischen Früchten und Puderzucker servieren.

VIETNAMESISCHE PHO-SUPPE

6 Port.   4 Std.   Mittel

Zutaten

1 ½ kg Rinderbrust
1 kg Mark-Knochen (Bein, Knöchel)
1 kg Rinderknochen, fleischig
300 g getrocknete Reisstangen
180 g Rinderlende, roh, dünn geschnitten
150 g Ingwer
2 große Zwiebeln
10 Stk. Sternanis
4 Kardamom-Hülsen
4 Zimtstangen
1 ½ EL Koriandersamen
3 Gewürznelken
3 ½ l Wasser
2 EL Zucker
1 EL Salz
40 ml Fischsoße
Bohnensprossen
3 - 5 Zweige Basilikum, thailändisch
3 - 5 Zweige Koriander
rote Chili
Hoisin-Soße (kantonesische Soße aus Sojabohnen)
Sriracha-Soße (Chilisoße)

Nährwerte p. P.

655 kcal
128 g Kohlenhydrate
6 g Fett
19 g Eiweiß

1 Zwiebeln schälen und halbieren. Ingwer vierteln. Eine Pfanne oder einen Wok erhitzen. Geben Sie die Zwiebeln und den Ingwer mit der unteren Seite in die Pfanne, noch kein Öl eingießen. Braten Sie Zwiebeln und Ingwer scharf an. Wenden und herausnehmen, sobald beide Seiten ein bisschen verbrannt aussehen. Sternanis, Kardamom-Hülsen, Koriandersamen und Gewürznelken in die Pfanne geben und für etwa drei Minuten leicht rösten lassen. Ebenfalls herausnehmen.

2 Spülen Sie Brust und Knochen ab und geben Sie alles in einen großen Topf. Bedecken Sie das Fleisch mit Wasser und kochen Sie es auf höchster Stufe auf. Für etwa fünf Minuten kochen, bevor das Fleisch gesiebt und abgetropft wird. Alles unter Leitungswasser abwaschen.

3 Brühe vorbereiten. Dazu den Topf reinigen und 3 ½ Liter Wasser aufkochen lassen. Fügen Sie Brust, Knochen, Zwiebeln, Gewürze, Ingwer, Zucker und Salz hinzu. Mit einem Deckel bedeckt auf niedriger Stufe für drei Stunden köcheln lassen. Nach der Kochzeit das Bruststück entfernen und beiseitestellen, damit es abkühlt. Lassen Sie den Rest der Suppe für ca. 40 Minuten ohne Deckel köcheln.

4 Knochen und Gewürze entfernen, die Brühe in einen zweiten Topf gießen. Fügen Sie die Fischsoße hinzu und salzen und zuckern Sie nach Geschmack nach. Am besten ist es, wenn die Brühe fleischig schmeckt, nach den Gewürzen riecht und nicht zu süß ist.

5 Die Reisnudeln kurz kochen, dann abgießen. Nudeln in die Schüsseln geben, Rindfleisch und Brust als Topping obendrauf geben. Die Brühe darübergießen, sodass das Rindfleisch etwas gart.

6 Chili putzen und in Streifen schneiden. Die Pho mit Bambussprossen, Basilikum und Koriander garnieren, Soße an der Seite anrichten.

Zubereitungstipps: Pho gibt es in vielen verschiedenen Variationen, so z. B. auch mit Hühnchen statt Rindfleisch oder in alternativen vegetarischen Versionen.

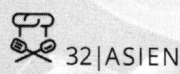

GYOZA – TEIGTASCHEN MIT PILZFÜLLUNG AUS JAPAN

4 Port.
(24 Stk.)

1 Std.
15 Min.

Mittel

Zutaten

Für den Teig:
130 ml Wasser
300 g Mehl
Salz

Für die Füllung:
120 g Möhren
120 g Pilze (z. B. Shiitake-Pilze)
1 Frühlingszwiebel
2 cm Ingwer
½ EL Stärke
500 ml Wasser
1 TL Sojasoße
5 EL Öl
Salz, Pfeffer

Als Dip:
Sojasoße
Gurke

Nährwerte p. P.

395 kcal
55 g Kohlenhydrate
17 g Fett
2 g Eiweiß

1 Sieben Sie das Mehl in eine Schüssel und geben Sie Salz und Wasser hinzu. Alles verkneten, bis ein glatter Teig entsteht. Sollte der Teig kleben, mit etwas Mehl nachhelfen. Für ca. eine halbe Stunde abgedeckt ruhen lassen.

2 Waschen Sie die Frühlingszwiebel und hacken Sie sie sehr fein. Schälen Sie die Möhren und reiben Sie sie grob mit einer Reibe. Putzen Sie die Pilze und schneiden Sie sie ganz fein. Mit dem Ingwer wie mit den Möhren verfahren. Anschließend das vorbereitete Gemüse gemeinsam mit Sojasoße, Stärke, Pfeffer und Salz in eine Schüssel geben. Einen Spritzer Öl hinzufügen und alles gut vermengen. Die Masse darf klebrig sein.

3 Eine Arbeitsfläche mit Mehl bestreuen und den Teig darauf dünn ausrollen. Ca. 24 Kreise aus dem Teig ausstechen. Sie können hierzu z. B. ein Glas zu Hilfe nehmen. Geben Sie in etwa 1 EL der Füllung in die Mitte des Kreises und benetzen Sie die Ränder mit Wasser. Die Ränder über der Füllung zusammenklappen und alles gut zusammendrücken.

4 Gurke schneiden. Eine Pfanne erhitzen und 1 EL Öl hineingeben. Sobald die Pfanne heiß genug ist, ca. zwölf Gyoza in die Pfanne geben und von beiden Seiten scharf anbraten. Mit der Hälfte des Wassers ablöschen, dann mit einem Deckel bedeckt auf hoher Stufe dämpfen. Die Gyoza entfernen und genauso mit den restlichen zwölf verfahren. Mit Sojasoße und Gurke servieren.

Zubereitungstipp: Der Inhalt der Gyoza kann beliebig variiert werden. Die Gyoza können nach dem Garvorgang eingefroren werden und halten sich so eine ganze Zeit lang in der Kühltruhe.

DOLMA –
GEFÜLLTE WEINBLÄTTER AUS
ASERBAIDSCHAN

40 Port. 1 Std. 45 Min. Mittel

Zutaten

3 EL geklärte Butter (Ghee) oder ungesalzene Butter
Joghurt
35 - 45 Weinblätter, aus dem Glas
1 Möhre
1 Zwiebel
2 Knoblauchzehen
6 Stängel Petersilie
6 Stängel Dill
6 Stängel Koriander
500 g Rinderhackfleisch
20 g Tomatenmark
2 TL Salz
½ TL Pfeffer
1 TL Paprika, edelsüß
¼ TL Piment
3 Prisen Zimt
1250 ml Wasser
100 g Reis

Nährwerte p. P.

50 kcal
3 g Kohlenhydrate
4 g Fett
3 g Eiweiß

1 Die Füllung vorbereiten. Dazu die Möhre schneiden und die Zwiebel halbieren. Knoblauch schälen und fein hacken. Die Petersilie, den Dill und den Koriander abzupfen.

2 Alles gemeinsam mit dem Hackfleisch, Reis, Tomatenmark, Salz und Pfeffer vermischen. Paprika, Piment und Zimt hinzugeben und nochmals gründlich vermengen. Falls das Fleisch mager ist, Ghee-Butter oder Butterschmalz hinzugeben.

3 Wenn Sie frische Weinblätter verwenden, kochen Sie leicht gesalzenes Wasser in einem mittelgroßen Topf und blanchieren Sie die Blätter in kleinen Mengen (etwa zehn auf einmal) etwa eine Minute lang im kochenden Wasser. Dadurch werden die Blätter weicher und lassen sich leichter rollen und schneller garen. Die Blätter mit einem Löffel aus dem Topf nehmen und in einem Sieb abtropfen lassen. Die Stiele abschneiden.

4 Wenn Sie Blätter aus der Dose verwenden, geben Sie sie schubweise in ein Sieb, spülen Sie sie gut unter kaltem Wasser ab, um das Salz zu entfernen, und lassen Sie sie abtropfen. Wenn sich die Blätter aus der Dose zu dick anfühlen, blanchieren Sie sie etwa eine Minute lang in kochendem Wasser und lassen sie dann abtropfen. Ansonsten nicht blanchieren. Schneiden Sie die Stiele ab.

5 Halten Sie einen mittelgroßen Topf bereit. Wenn Sie mittelgroße, reife Blätter verwenden, halbieren Sie sie. Kleine, junge Blätter können ganz bleiben. Zerrissene oder beschädigte Blätter nicht wegwerfen, sondern nach Bedarf zum Flicken von Löchern in anderen Blättern verwenden. Legen Sie auch einige der beschädigten Blätter flach auf den Boden des Topfes. Wenn Sie keine beschädigten Blätter haben, legen Sie den Boden des Topfes mit unbenutzten ganzen Blättern aus, um ihn zu bedecken.

6 Füllen Sie die Weinblätter. Legen Sie dazu ein Blatt (oder eine Blatthälfte, wenn es geschnitten ist) mit der glänzenden Seite nach unten auf Ihre Handfläche. Geben Sie etwa einen gehäuften TL der Füllung auf das Stielende des Blattes. Falten Sie die Oberseite nach unten, dann die Seiten über die Füllung und rollen Sie das Blatt fest auf, um es zu einem 2 - 3 cm großen Rundbündel zu formen.

7 Die gefüllten Blätter mit der Nahtseite nach unten auf den Boden des Topfes legen. Fahren Sie fort, bis alle Blätter und die Füllung aufgebraucht sind, und legen Sie die gefüllten Bündel eng aneinander in den Topf, sodass mehrere Schichten entstehen. Die Oberseite der Blätter mit Butter bestreichen. Mit Wasser aufgießen, sodass die Dolma zur Hälfte bedeckt sind. Einen kleinen Deckel oder einen kleinen ofenfesten Teller auf die gefüllten Blätter legen, damit sie dichthalten und sich nicht öffnen können. Zudecken und zum Kochen bringen.

8 Die Hitze auf mittlere bis niedrige Stufe reduzieren und ca. 1,5 Stunden köcheln lassen, bis die Blätter weich sind, die Füllung gar ist und nur noch wenig Flüssigkeit vorhanden ist. Mit Brot und Naturjoghurt servieren.

ARMENISCHES OMELETTE

3 Port.   1,5 Std.   Mittel

Zutaten

250 g Kürbis
180 g grüne Bohnen
1 - 2 Zwiebeln
1 Paprikaschote, rot
1 Aubergine (ca. 250 g)
1 Stängel glatte Petersilie
1 EL Butter
3 EL Olivenöl
3 EL Sesamsamen
100 ml Milch
6 Eier
½ TL Chilipulver
½ TL Pfeffer
1 TL Salz
Fett (für die Form)

Nährwerte p. P.

406 kcal
15 g Kohlenhydrate
30 g Fett
17 g Eiweiß

1 Putzen Sie die Bohnen. Dann halbieren und in einen Topf mit wenig Wasser geben. Für etwa fünf Minuten bei niedriger Hitze dünsten. Schälen Sie den Kürbis und entkernen Sie ihn. In mundgerechte Stücke schneiden. Zwiebeln schälen und in zarte Ringe schneiden. Putzen Sie die Paprika und waschen Sie die Petersilie. Trockenschütteln und fein hacken. Fetten Sie eine feuerfeste Form ein. Waschen und putzen Sie die Aubergine und schneiden Sie sie in Würfel.

2 Eine Pfanne mit Olivenöl erhitzen, die Auberginenwürfel hinzugeben und für etwa fünf Minuten bei mittlerer Hitze anbraten. Geben Sie gegen Ende der Garzeit etwas Sesam hinzu und lassen Sie ihn für ca. vier Minuten mit anbraten, bis er eine leicht bräunliche Färbung bekommt. Anschließend in die Form geben. Den Ofen auf 180 °C (Umluft) vorheizen.

3 Zwiebelringe in die Pfanne geben und Butter hinzufügen. Auf mittlerer Stufe anbraten. Geben Sie die Zwiebeln zusammen mit dem übrigen Gemüse sowie der Petersilie in die Form und mischen Sie alles nochmals gut durch.

4 Verquirlen Sie Eier und Milch und würzen Sie das Gemisch kräftig mit Chilipulver, Pfeffer und Salz. Das Gemisch wird über das Gemüse in die Form gegeben und für 30 - 40 Minuten im Ofen gebacken. Das Ei sollte gar und leicht gebräunt sein, dann ist das Omelette fertig. Mit Petersilie garnieren und heiß servieren.

TURON –
DESSERT AUS DEN PHILIPPINEN

6 Port.   20 Min.   Leicht

Zutaten

12 Stück Frühlingsrol-
lenteig quadratisch
(alternativ: Strudelteig)
80 g brauner Zucker
225 ml Pflanzenöl
6 Saba-Bananen (etwa
3 normale Bananen)
6 Jackfruit-Stücke

Nährwerte p. P.

360 kcal
33 g Kohlenhydrate
62 g Fett
32 g Eiweiß

1 Bananen schälen und längs halbieren.
Wenn Sie große Bananen verwenden, die
Bananen zusätzlich einmal in der Mitte teilen, sodass die Hälften kürzer sind. Schneiden Sie die Jackfruit in Streifen. Den Früh-
lingsrollenteig ausrollen, mit einer Ecke
nach unten. Wälzen Sie ein Bananenstück
im Zucker und legen Sie es auf die untere
Hälfte des Teiges. Die Jackfruit-Streifen unter das Bananenstück legen. Die untere
Teigspitze nach oben legen und so falten,
dass beide Früchte bedeckt sind. Die beiden
anderen Seiten nach innen falten, sodass
eine Art Umschlag entsteht. Zum Schluss
die obere Seite mit Wasser anfeuchten und
verkleben. Auf diese Weise mehrere Turon-Rollen herstellen.

2 Bestreuen Sie die Turon vor dem Frittieren mit etwas braunem Zucker. Dann Öl in
eine Pfanne geben und erhitzen. Sobald die
Pfanne heiß ist, die Turon-Rollen mit der
Naht nach unten hineingeben und jeweils
eine Minute pro Seite frittieren.

3 Einen Teller mit Küchenpapier auslegen
und die Turon darauf abtropfen lassen. Den
restlichen Zucker in die Pfanne geben.
Hitze etwas reduzieren und dann schmelzen lassen. Wenn der Zucker goldbraun ist,
die Soße über die Turon geben.

CHINESISCHES FRÜHSTÜCKSEI MIT SCHWEINEBAUCH

4 Port. 15 Min. Leicht

Zutaten

4 Eier
80 ml Öl

Für die Garnitur:

2 EL Pflanzenöl
250 g Schweinebauch,
geräuchert & gegart
½ TL geräucherte Chili
1 Frühlingszwiebel
2 cm Ingwer
2 EL Cashewkerne,
geröstet

Außerdem:

2 TL Oystersoße
2 EL Fischsoße
1 Stängel Koriander,
frisch
1 Limette

Nährwerte p. P.

299 kcal
1 g Kohlenhydrate
24 g Fett
19 g Eiweiß

1 Frühlingszwiebel in dünne Scheiben schneiden. Ingwer kleinhacken, Cashewkerne zerstoßen. Schweinebauch in Scheiben schneiden. Limette vierteln und Koriander hacken.

2 Eine große Pfanne auf mittlerer Stufe erhitzen. In einem separaten Topf das Öl erhitzen. Die Eier in einer Schüssel aufschlagen und sobald das Öl heiß ist, in die Pfanne geben. Sofort die Eier hinzufügen und frittieren. Die Eier herausnehmen, sobald sie braun sind.

3 Eine Pfanne erhitzen und das Pflanzenöl hinzufügen. Chili, Frühlingszwiebel, Ingwer, Cashewkerne und Schweinebauch in die Pfanne geben und alles ganz scharf anbraten. Mit Oyster- und Fischsoße ablöschen und den gehackten Koriander hinzufügen. Unter ständigem Rühren wenden.

4 Gemeinsam mit dem Ei anrichten und ein Stück Limette hinzugeben.

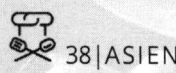

RUSSISCHES FINGERFOOD –
GEFÜLLTE KARTOFFELN

20 Port.

2 Std.

Leicht

Zutaten

10 - 14 kleine Kartoffeln
(ca. 800 g)
125 g Cashewnüsse
1 EL Zitronensaft
1 EL Olivenöl
1 Prise Pfeffer, schwarz
½ TL Salz
½ TL Kurkuma
Paprikapulver
Schnittlauch, frisch

Nährwerte p. P.

314 kcal
18 g Kohlenhydrate
21 g Fett
13 g Eiweiß

1 Cashewnüsse in eine Rührschüssel mit Wasser geben und mindestens eine Stunde lang einweichen.

2 Putzen Sie die Kartoffeln und halbieren Sie sie der Länge nach. Geben Sie die Kartoffeln in einen Dampfeinsatz des Topfes und für etwa 30 Minuten dünsten lassen. Alternativ können die Kartoffeln auch mit Olivenöl bepinselt werden und im Ofen 30 Minuten lang garen (180 °C Umluft).

3 Bereiten Sie in der Zwischenzeit die Füllung zu. Dazu die Cashewnüsse abgießen, in eine Schüssel geben, Zitronensaft, Olivenöl, Pfeffer, Salz und Kurkuma hinzufügen. In einem Mixer gründlich vermischen, bis die Masse homogen wird.

4 Wenn die Kartoffeln gar sind, nehmen Sie diese heraus und lassen sie etwas abkühlen. Anschließend aushöhlen, sodass ein Rand stehen bleibt. Das Innere der Kartoffeln mit Hilfe einer Gabel pürieren. Danach zu der Füllung hinzugeben und alles gründlich verrühren. Kühlen Sie die Füllung für ca. 30 Minuten.

5 Füllen Sie die Füllung in die Kartoffeln. Das können Sie entweder mit einem Löffel oder auch einem Spritzbeutel machen. Garnieren Sie die fertigen Kartoffeln mit Paprika und Schnittlauch und genießen Sie sie bei Zimmertemperatur.

Zubereitungstipp: Statt Cashew können auch jegliche andere Nüsse verwendet werden, sofern sie weich genug zur Verarbeitung sind.

YEMINI MAHALABIYA –
JEMENITISCHE SÜSSPEISE AUS MILCH

4 Port. 4 Std. 15 Min. Leicht

Zutaten

700 ml Milch
200 g Zucker oder nach Geschmack
250 ml kaltes Wasser
6 EL Maismehl
1 EL Rosenwasser
1 TL Kardamom-Pulver
250 ml Sahne
gehackte Mandeln, Pistazien und einige Rosenblütenblätter

Nährwerte p. P.

244 kcal
25 g Kohlenhydrate
13 g Fett
8 g Eiweiß

1 Milch bei mittlerer Hitze aufkochen und Zucker hinzufügen.

2 In einer Schüssel kaltes Wasser mit Speisestärke verrühren. Nach und nach mit der gekochten Milch vermischen. Wenn die Mischung wie ein Kuchenteig eindickt, den Herd ausschalten. Rosenwasser mit Kardamom und Sahne hinzugeben.

3 Alles 2 - 4 Stunden lang abkühlen lassen. Anschließend in kleine Dessertschüsseln geben und mit Nüssen und Rosenblättern servieren.

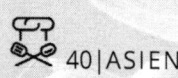

LAMM MIT GEMÜSEFÜLLUNG AUS SAUDI-ARABIEN

4 Port. 1 Tag Leicht

Zutaten

1 kg Lammfleisch mager
(z. B. Keule oder Schulter)
2 Zwiebeln, klein
1 TL Kreuzkümmel
2 cm Ingwer
1 TL Koriandersamen
1 Zucchini, klein
2 Paprikaschoten, rot
und grün
1 Knoblauchzehe
1 Chilischote
2 EL Olivenöl
3 EL Rosinen
1 Spritzer Zitronensaft
Salz, Pfeffer

Nährwerte p. P.

399 kcal
11 g Kohlenhydrate
15 g Fett
55 g Eiweiß

1 Schälen Sie den Ingwer und die Zwiebeln. Beides würfeln. Geben Sie Koriander und Kreuzkümmel mit den Ingwer- und Zwiebelwürfeln in einen Mörser und verreiben Sie alles zu einem soften Mus.

2 Waschen Sie das Fleisch und tupfen Sie es trocken. Reiben Sie es gründlich mit dem Mus ein, ehe Sie es über Nacht abgedeckt in den Kühlschrank stellen. Am nächsten Tag die Füllung zubereiten. Dazu die Chili- und Paprikaschoten waschen und in kleine Stücke hacken. Die Zucchini ebenso waschen und würfeln. Schälen Sie den Knoblauch und hacken Sie ihn fein. Hacken Sie die Rosinen grob.

3 Eine Pfanne mit Öl füllen und erhitzen. Knoblauch und Chili hinzugeben und glasig anschwitzen. Dann die Zucchini, die Paprika und die Rosinen für ca. vier Minuten hinzufügen. Alles von der Hitze nehmen und Zitronensaft hinzufügen. Anschließend salzen und pfeffern.

4 Heizen Sie den Ofen auf 160 °C (Ober-/Unterhitze) vor.

5 Schneiden Sie eine Tasche in das Lammfleisch und füllen Sie es mit dem Gemüse. Um die Tasche zu schließen, können Sie eine Rouladennadel verwenden. Legen Sie alles auf ein Backblech und lassen Sie das Lamm für etwa eine Stunde im Ofen garen. Es sollte leicht rosa sein, wenn es rauskommt. Wenn die Nadeln entfernt werden, kann das Lamm in Scheiben geschnitten und serviert werden.

Serviertipp: Mit Couscous anrichten.

ES CENDOL –
ERFRISCHUNGSGETRÄNK AUS INDONESIEN

3 Port. 30 Min. Leicht

Zutaten

Cendol:
120 g Reismehl
60 g Sagomehl
(Verdickungsmittel)
500 ml Wasser
Pandanblätter
½ TL Salz

Für den Sirup:
200 g Kokosblüten-
zucker
150 ml Wasser
600 ml Kokosmilch

Nährwerte p. P.

86 kcal
10 g Kohlenhydrate
2 g Fett
1 g Eiweiß

1 Cendol ist ein süßes Eisdessert, das wie ein Milchshake verspeist werden kann. Dazu das Sagomehl mit dem Reismehl vermischen und ein wenig Wasser hinzufügen. Den Rest des Wassers aufkochen und die Pandanblätter sowie Salz dazugeben.

2 Die Reismehlmischung zum Wasser hinzugeben und alles aufkochen. Es sollte eine Art Brei daraus entstehen. Nehmen Sie ein Sieb mit großen Löchern und sieben Sie den Brei.

3 Kokosblütenzucker mit einem Topf aufkochen und umrühren, bis sich der Zucker aufgelöst hat. Auskühlen lassen.

4 Geben Sie 2 EL braunen Zuckersirup in ein Servierglas. Cendol hinzufügen. Gießen Sie die Kokosmilch hinzu und fügen Sie nach Belieben Eiswürfel oder Speiseeis hinzu.

NASI GORENG AUS MALAYSIA

4 Port. 45 Min. Mittel

Zutaten

Für den Reis:
300 g Basmati-Reis
500 ml Wasser

Für das Poulet:
450 g Pouletfleisch
(geschnetzelt)
1 EL pflanzliches Öl
¼ TL Salz

Für das Gemüse:
Sesamöl
2 Knoblauchzehen
1 roter Peperoncino
3 EL Sojasoße
2 Stängel Zitronengras
200 g Shiitake-Pilze
(japanische Pilze)
120 g gekochte Erbsen
(z. B. aus der Dose oder
aufgetaut)
2 Frühlingszwiebeln
1 Möhre
1 EL Tomatenpüree
½ EL Fischsoße

Nährwerte p. P.

482 kcal
71 g Kohlenhydrate
5 g Fett
36 g Eiweiß

1 Spülen Sie den Reis in einem Sieb unter klarem Wasser. Abtropfen lassen. Geben Sie das Wasser und den Reis in eine Pfanne und lassen Sie ihn aufkochen. Danach den Herd ausschalten, Deckel auflegen und für 15 Minuten quellen lassen. Den Reis mit einer Gabel lockern und auskühlen lassen.

2 Einen Wok (oder eine große Pfanne) nehmen und Öl hineingeben. Salzen Sie das Poulet und braten Sie es für etwa drei Minuten unter ständigem Rühren. Portionsweise vorgehen, sodass das Fleisch auch gut durchgart. Zudecken und beiseitestellen.

3 Pilze, Möhre und Frühlingszwiebeln fein schneiden. Den Knoblauch schälen und fein hacken. Die Peperoncino in dünne Ringe schneiden. Zitronengras grob hacken. Geben Sie Öl in die Pfanne, in welcher Sie das Poulet gebraten haben, und erhitzen Sie diese. Pilze, Frühlingszwiebeln, Knoblauch, Peperoncino und Zitronengras für etwa fünf Minuten bei starker Hitze unter ständigem Rühren braten.

4 Den Reis hinzugeben und nochmals fünf Minuten braten. Ablöschen mit Sojasoße, dann Tomatenpüree und Fischsoße dazugeben. Poulet hinzugeben, ganz zum Schluss die Möhrenscheiben hinzugeben. Warm servieren.

Australien/Ozeanien

TUVALU THUNFISCH

4 Port.   35 Min.   Mittel

Zutaten

2 EL pflanzliches Öl
1 Zwiebel
2 cm Ingwer
2 Knoblauchzehen
2 Chilis, rot (nach Geschmack)
1 EL Currypulver
1 Dose Kokosnussmilch (400 ml)
4 Frühlingszwiebeln
1 Gurke
2 - 4 EL Sojasoße
500 g rohe Thunfischsteaks

Nährwerte p. P.

482 kcal
13 g Kohlenhydrate
27 g Fett
43 g Eiweiß

1 Zwiebel schälen und würfeln. Den Ingwer mit Hilfe einer Reibe fein raspeln. Knoblauch schälen und pressen. Schälen Sie die Gurke und schneiden Sie sie der Länge nach auf. Dann in dicke Scheiben schneiden. Thunfischsteaks würfeln.

2 Etwas Pflanzenöl in einer großen Pfanne oder einem Wok erhitzen. Die Zwiebel bei mittlerer bis hoher Hitze etwa fünf Minuten lang braten, bis sie weich sind. Ingwer, Knoblauch, rote Chilischoten (falls verwendet) und Currypulver hinzugeben. Die Hitze auf mittlere Stufe reduzieren und kochen, bis es duftet. Dann die Kokosmilch, die grünen Zwiebeln und die Gurke unterrühren. Nach Belieben mit Sojasoße würzen. Den Thunfisch hinzugeben und so lange kochen, bis der Thunfisch gar ist.

Serviertipp: Der Tuvalu Thunfisch schmeckt am besten gemeinsam mit Kokosreis als Beilage.

PANI POPO –
HEFEGEBÄCK AUS SAMOA

24 Port.   3 Std. 15 Min.   Mittel

Zutaten

300 g Weizenmehl
½ TL Salz
2 - 3 EL Zucker
20 g Frischhefe (etwa ein halber Würfel)
1 Ei
150 ml Kokosmilch
40 g Kokosöl

Für den Guss:

75 g Zucker
300 ml Kokosmilch
1 Limette

Nährwerte p. P.

116 kcal
15 g Kohlenhydrate
5 g Fett
2 g Eiweiß

1 Mischen Sie das Mehl mit Zucker und Salz in einer Rührschüssel. Die Hefe hineinbröseln lassen. Geben Sie Öl, Ei und Kokosmehl hinzu und mischen Sie die Zutaten gründlich, bis ein weicher und elastischer Teig entsteht. Mit einem Tuch zudecken und für etwa zwei Stunden an einem warmen Ort gehen lassen.

2 Eine große ofenfeste Form oder Backblech bereitstellen. Limette pressen. Mit Zucker und Kokosmilch in eine große Pfanne geben und aufkochen, ohne umzurühren. Etwa die Hälfte des Gusses in die Form geben.

3 Teilen Sie den Teig in etwa 20 - 24 gleich große Teiglinge und formen Sie diese zu Kugeln. Setzen Sie die Teiglinge in den Guss und lassen Sie alles nochmals etwa 15 Minuten aufgehen. Ofen auf 180 °C (Ober-/Unterhitze) vorheizen.

4 Gießen Sie den übrigen Guss über die Teiglinge und geben Sie die Form in den Ofen. Für ca. 15 Minuten backen. Sobald die Pani Popo fertig sind, können Sie sie rausnehmen und noch lauwarm servieren.

FIDSCHI-PFANKUCHEN

4 Port.   1 Std.   Leicht
            25 Min.

Zutaten

2 Eier (Größe M)
1 Prise Salz
1 EL Puderzucker
130 g Mehl
1 Ananas, frisch
200 ml Kokosmilch
60 g Butterschmalz
etwas Kokoslikör
Speiseeis zum Servieren
(z. B. Ananas- oder Ko-
koseis)
4 EL Kokosraspeln
Zitronenmelisse

Nährwerte p. P.

128 kcal
15 g Kohlenhydrate
5 g Fett
5 g Eiweiß

1 Eier trennen. Das Eigelb mit Salz und Puderzucker schaumig aufschlagen. Das Mehl hinzugeben und nochmals verrühren. Zum Schluss die Kokosmilch hinzugeben und gründlich mischen. Den Teig für ca. 30 Minuten beiseitestellen und quellen lassen. Unterdessen die Ananas vom Strunk befreien und schälen. Schneiden Sie vier Scheiben von der Ananas ab und würfeln Sie den Rest des Fruchtfleisches.

2 Schlagen Sie das Eiweiß steif und heben Sie es unter den Teig, sobald dieser fertig gequellt hat. Ein wenig Butterschmalz in eine große Pfanne geben und erhitzen. Die Ananasscheiben hineingeben, kurz von beiden Seiten andünsten und wieder entfernen.

3 Geben Sie den Rest Butterschmalz in die Pfanne und erhitzen Sie es erneut auf mittlerer Stufe. Vier Portionen des Teiges in die Pfanne gießen. Die Pfannkuchen sollten in etwa so groß wie die Ananasscheiben werden. Geben Sie auf jeden Pfannkuchen eine Ananasscheibe und dann den restlichen Teig darüber. Wenn Sie keine große Pfanne besitzen, können Sie die Pfannkuchen auf diese Art auch nacheinander backen. Wenn die Pfannkuchen von unten anbräunen, können Sie sie wenden und von der anderen Seite fertig backen.

4 Fertige Pfannkuchen auf einem Teller mit Eiscreme, Ananaswürfeln und Zitronenmelisse servieren. Dazu etwas Kokoslikör über die einzelnen Pfannkuchen träufeln.

Serviertipp: Statt Ananas können Sie auch eine andere tropische Frucht, z. B. Mango oder Bananen, nehmen und wahlweise mit Schokoladensoße servieren.

PILZ-HÜHNCHEN AUS TUVALU

6 Port.   55 Min.   Mittel

Zutaten

1 kg Champignons,
gehackt
5 kg Hühnchenunterkeu-
len oder -flügel
1 l Sahne
110 g Hühnerbrüh
(trocken)
1 Knoblauchzehe
2 TL Paprikapulver
1 TL Koriander, gemah-
len
1 Stängel Rosmarin
schwarzer Pfeffer

Nährwerte p. P.

475 kcal
45 g Kohlenhydrate
10 g Fett
50 g Eiweiß

Serviertipp: Mit Salat oder Reis anrichten.

1 Den Ofen auf 200 °C (Ober-/Unterhitze) vorheizen. Knoblauch pressen. Hähnchenteile auf ein Tablett legen. Mit Paprikapulver, schwarzem Pfeffer und Koriander bestreuen. Mit gepresstem Knoblauch einreiben. Hähnchenteile in den Ofen geben und etwa 30 Minuten backen, bis sie goldbraun sind. Unterdessen die Pilze hacken.

2 Einen Topf auf mittlerer Stufe erhitzen und die Sahne hineingießen. Die leere Sahneflasche mit Wasser auffüllen und in den heißen Topf gießen. Rühren Sie die Sahne, bis sie kocht, und rühren Sie dann 5 – 10 Minuten bei reduzierter Hitze weiter. Gehackte Pilze in die Soße geben und rühren, bis die Pilze schrumpfen.

3 Unter ständigem Rühren aufkochen lassen, trockene Hühnerbrühe hinzugeben und rühren, bis die Soße dickflüssig ist. Sobald die Soße fertig ist, das gebratene Huhn hineingeben, sanft umrühren und wieder zum Kochen bringen. Heiß servieren.

KIWI PAVLOVA AUS NEUSEELAND

4 Port.

50 Min.   Leicht

Zutaten

3 Eiweiß
3 EL kaltes Wasser
200 g Zucker
1 TL Essig
1 TL Vanilleextrakt
3 TL Speisestärke
300 ml Schlagsahne
4 Kiwis

Nährwerte p. P.

303 kcal
3 g Kohlenhydrate
31 g Fett
2 g Eiweiß

1 Den Ofen auf 150 °C (Ober-/Unterhitze) vorheizen. Eiweiß zu steifem Schnee schlagen. Wasser hinzufügen und erneut schlagen. Zucker ganz allmählich hinzufügen und dabei weiterschlagen. Essig, Vanilleextrakt und Speisestärke zugeben und weiterschlagen. Eine Springform (ø 22 cm) mit Backpapier auslegen. Die Mischung in die Springform geben und die Oberseite glattstreichen.

2 Die Pavlova 45 Minuten lang backen. Danach etwas im Ofen abkühlen lassen. Unterdessen Sahne schlagen und Kiwis schälen und in Scheiben schneiden. Die Pavlova vorsichtig auf eine Servierplatte heben und mit Schlagsahne und Kiwis garnieren.

HÜHNCHEN MIT KOKOSNUSSREIS NACH SAMOA-ART

4 Port. 1 Std. Mittel

Zutaten

1 kg Hühnchenschenkel
240 ml dunkle Sojasoße
120 ml Apfelessig
1 Zwiebel
4 Knoblauchzehen
2 cm Ingwer
2 EL Tapiokastärke
2 Frühlingszwiebeln
1 EL Sesamsamen
200 g weißer Reis
120 ml Kokosmilch
Öl
eine Prise Salz, Pfeffer

Nährwerte p. P.

575 kcal
60 g Kohlenhydrate
12 g Fett
45 g Eiweiß

1 Das Huhn gut mit Salz und Pfeffer würzen. In einer Pfanne mit Öl von allen Seiten gut anbraten. In der Zwischenzeit die Zwiebel in Scheiben schneiden. Knoblauch und Ingwer schälen und fein hacken. Frühlingszwiebeln in feine Ringe schneiden. Die Zwiebeln, den Knoblauch und den Ingwer in der Pfanne anbraten und dabei die Reste des Hühnchens herauskratzen.

2 Das Hühnchen wieder in die Pfanne geben und Sojasoße und Essig hinzufügen, dann so viel Wasser, dass das Hühnchen bedeckt ist. Weitere 20 Minuten kochen lassen, bis das Hühnchen gar ist. Unterdessen den Reis mit der doppelten Menge an Wasser ansetzen und für 20 Minuten köcheln lassen. Dann das Hühnchen aus der Pfanne nehmen.

3 Die Tapiokastärke in einer Schüssel mit etwas kaltem Wasser zu einer dicken Paste verrühren und in die Soße in der Pfanne einrühren. Die Hitze reduzieren, wenn die Soße anfängt einzudicken, und das Hühnchen wieder in die Soße geben. In den warmen, gekochten Reis die Kokosmilch und eine Prise Salz geben. Es sollte genug sein, um den Reis zu bedecken. Lassen Sie den Reis die Kokosmilch aufsaugen.

4 Eine Portion Reis in eine Schüssel geben, dann ein paar Hühnchenstücke und die Soße darübergeben. Mit Zwiebeln und Sesamsamen garnieren und warm servieren.

NEUSEELÄNDISCHE SOUTHLAND CHEESEROLLS

12 Port.   30 Min.   Mittel

Zutaten

2 Laibe Brot (Weizen-
brot)
200 g Colby-Käse
150 g Parmesankäse
1 Dose Kondensmilch
1 Becher Sahne
etwas Brühpulver
(Gemüsebrühe)
1 Zwiebel
2 TL Senf
Aufstrich oder Butter
(zum Bestreichen)

Nährwerte p. P.

96 kcal
8 g Kohlenhydrate
4 g Fett
4 g Eiweiß

1 Den Käse reiben. Brot in Scheiben schneiden. Zwiebel fein hacken. Den Käse, Kondensmilch, Sahne, Brühpulver, Zwiebel und Senf in einer Schüssel verrühren. Geben Sie die Mischung in einen hohen Topf und kochen Sie sie kurz auf. Dabei gelegentlich umrühren. Die Mischung und in eine Rührschüssel geben. Im Kühlschrank einige Minuten abkühlen lassen.

2 Den Ofen auf 180 °C (Umluft) vorheizen.

3 Die Käsemischung auf einer Seite der Brotscheiben verteilen. Jede Scheibe zu einer Rolle wälzen. Mit der Schnittfläche nach unten auf ein Backblech legen. Jede Cheeseroll mit dem Aufstrich oder der Butter bestreichen. Im Backofen 15 Minuten lang rösten oder bis sie leicht gebräunt sind.

AUSTRALISCHES BUSH BREAD

1 Brot   40 Min.   Leicht

Zutaten

500 g selbsttreibendes
Mehl
½ TL Salz
300 ml Milch
Butter (zum Einfetten
der Pfanne)
zusätzliches Mehl

Nährwerte p. P.

523 kcal
105 g Kohlenhydrate
7 g Fett
14 g Eiweiß

1 Mehl und Salz in eine Schüssel sieben und in die Mitte eine Vertiefung machen. Die Milch hineingießen und kräftig verrühren, bis ein glatter Teig entsteht.

2 Eine runde Backform einfetten und mit Mehl bestäuben. Den Teig in auf ein Backblech oder die Form legen. Auf der Oberseite des Teiges ein Kreuz einschneiden. Backofen auf 220 °C (Ober-/Unterhitze) vorheizen.

3 Backen Sie das Brot für etwa 30 Minuten. Mit einer Tasse Tee essen, der in einer Kanne gekocht wurde.

Zubereitungstipp: Traditionell wird das Bush Bread in einem Camp Oven in der Asche eines Lagerfeuers gebacken. So erhält es noch mehr Aroma.

POLYNESISCHE FLEISCHBÄLLCHEN

 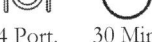

4 Port.   30 Min.   Leicht

Zutaten

400 g Kondensmilch
1 Zwiebel
10 Salzcracker
1 TL Gewürzsalz
500 g mageres Rinder-
hackfleisch
500 g Ananasstückchen,
eingelegt (aus der Dose)
2 EL Speisestärke
120 ml Apfelessig
1 EL Sojasoße
2 EL Zitronensaft
100 g brauner Zucker

Nährwerte p. P.

402 kcal
16 g Kohlenhydrate
15 g Fett
45 g Eiweiß

1 Die Zwiebel schälen und fein hacken. Die Cracker zerbröseln. In einer Schüssel die Milch, die Zwiebel, die Salzcracker und das Gewürzsalz vermischen. Das Rindfleisch über die Mischung bröckeln und leicht, aber gründlich vermischen. Mit feuchten Händen zu 2 - 3 cm großen Bällchen formen. In einer großen Pfanne bei mittlerer Hitze die Fleischbällchen in kleinen Portionen anbraten, dabei häufig wenden. Herausnehmen und warmhalten. Bratpfanne abgießen.

2 Ananas abtropfen lassen, den Saft auffangen und beiseitestellen. Dem Saft so viel Wasser hinzufügen, dass es insgesamt 250 ml ergibt. In einer Schüssel Speisestärke, Ananassaft, Essig, Sojasoße, Zitronensaft und braunen Zucker glattrühren.

3 Das Ananassaftgemisch in die Bratpfanne geben und bei mittlerer Hitze zum Kochen bringen. Etwa zwei Minuten lang kochen und rühren, bis die Mischung eindickt. Dann die Fleischbällchen hinzugeben. Reduzieren Sie die Hitze und lassen Sie alles nochmals 15 Minuten zugedeckt köcheln. Zum Schluss Ananas hinzugeben und durchwärmen.

MEAT-PIE AUS AUSTRALIEN

6 Port.   4 Std.   Schwer

Zutaten

Für den Teig:
250 g Weizenmehl
½ TL Salz
150 g ungesalzene Butter
2 ½ EL eiskaltes Wasser
3 tiefgekühlte Blätter-
teigplatten (ca. 300 g)
1 Ei

Für die Füllung:
1,25 kg Rinderkotelett
½ TL Salz
½ TL Pfeffer
2 - 3 EL Olivenöl
1 Zwiebel
4 Knoblauchzehen
5 EL Mehl, glatt
315 ml Rinderbrühe
750 ml Rotwein,
trocken, vollmundig
2 EL Tomatenmark
1 TL Worcestershire-
Soße
2 Lorbeerblätter

Nährwerte p. P.

1229 kcal
76 g Kohlenhydrate
83 g Fett
45 g Eiweiß

1 Mehl, Salz und Butter mit einem Mixer gut verrühren, bis es wie Paniermehl aussieht. Auf niedriger Stufe 2 ½ EL Wasser hinzugeben und unterrühren. Vermischen, bis sich der Teig zu einer Kugel formt. In Frischhaltefolie wickeln und für 1 - 3 Stunden in den Kühlschrank stellen.

2 Die Blätterteigplatten auftauen. Das Rinderkotelett in mundgerechte Stücke würfeln. Schälen Sie die Zwiebel und den Knoblauch und hacken Sie beides fein. Das Rindfleisch mit ½ TL Salz und Pfeffer bestreuen.

3 1 EL Öl in einem großen, schweren Topf stark erhitzen. ⅓ des Rindfleisches hineingeben und von allen Seiten kräftig anbraten, dann herausnehmen. Den Vorgang mit dem restlichen Rindfleisch wiederholen und bei Bedarf mehr Öl hinzufügen. Den Herd auf mittlere Hitze herunterschalten. Knoblauch und Zwiebel zugeben und drei Minuten dünsten. Mehl hinzugeben und durchrühren. Langsam und unter ständigem Rühren die Rinderbrühe hinzufügen. Sobald sich das Mehl aufgelöst hat, Wein, Tomatenmark, Worcestershire-Soße, Pfeffer und Lorbeerblätter hinzugeben.

4 Das Rindfleisch wieder in den Topf geben, den Deckel auflegen und die Hitze so einstellen, dass es leicht köchelt. Eine Stunde und 45 Minuten köcheln lassen. Den Deckel abnehmen, die Hitze leicht erhöhen und 30 - 45 Minuten köcheln lassen, dabei regelmäßig umrühren. Die Flüssigkeit nicht zu sehr einkochen lassen – sie dickt beim Abkühlen stärker ein. Vom Herd nehmen, abdecken und die Füllung abkühlen lassen.

5 Den Ofen auf 180 °C (Ober-/Unterhitze) vorheizen.

6 Aus dem Mürbeteig sechs Kreise ausstechen, dann den Teig in Pie-Formen (Alternative: Muffin-Formen) drapieren – den Teig nicht dehnen und ziehen, er schrumpft sonst. Pasteten auf ein Blech legen. Jeden Pie mit einem großen Bogen Backpapier belegen und mit Tortengewichten füllen – das können z. B. Bohnen oder Reis sein. So behält der Teig seine Form. 20 Minuten backen, herausnehmen und die Gewichte mit dem Papierüberstand vorsichtig entfernen. Die Krusten fünf Minuten in den Ofen schieben oder bis der Boden leicht golden und trocken ist. Aus dem Ofen nehmen.

7 Die abgekühlte Füllung in die Pasteten füllen und nach unten drücken. Die Füllung sollte leicht angehäuft sein. Aus dem teilweise aufgetauten Blätterteig Kreise ausschneiden, die etwas größer sind als der Rand der gebackenen Teigböden. Ei verquirlen. Die Ränder der Teigböden mit Ei bepinseln, dann die Deckel auf die Füllung legen und die Ränder andrücken, um den Blätterteig mit dem Mürbeteig zu verschließen. Die Deckel mit Ei bestreichen und mit einem kleinen Messer in der Mitte einen Einschnitt von 1 cm machen. 30 Minuten backen, bis sie goldgelb und aufgeblasen sind.

Serviertipp: Heiß und frisch verzehren, nach Belieben mit Tomatensoße oder Ketchup bestreichen!

KOKOSNUSS-KAUKAU AUS PAPUA NEUGUINEA

4 Port.   1 Std. 15 Min.   Mittel

Zutaten

2 Süßkartoffeln
(Kaukau)
4 EL Butter, gewürfelt
3 EL geriebene, frische
Kokosnuss (oder unge-
süßte Kokosraspeln)
100 ml Kokosnusscreme
½ Zwiebel
2 Knoblauchzehen
3 cm frischer Ingwer
2 EL Orangensaft
Salz (zum Abschme-
cken)
Pfeffer (nach Belieben)

Nährwerte p. P.

337 kcal
51 g Kohlenhydrate
12 g Fett
5 g Eiweiß

1 Den Ofen auf 200 °C (Ober-/Unterhitze) vorheizen. Zwiebel schälen und fein hacken. Den Knoblauch pressen. Ingwer fein reiben. Die Süßkartoffeln abspülen, in Alufolie einwickeln und auf einen Teller legen.

2 Die Süßkartoffeln im vorgeheizten Backofen eine Stunde lang backen oder bis sie durchgebraten sind. Aus dem Ofen nehmen und leicht abkühlen lassen. Süßkartoffeln der Länge nach in zwei Hälften schneiden.

3 Etwa ¾ der Süßkartoffeln mit einem Löffel in eine Schüssel schöpfen. Sofort die Butter hinzufügen. Mit Salz und Pfeffer würzen und mit einer Gabel zu einem glatten Püree zerdrücken.

4 Die Schalen der halb ausgehöhlten Süßkartoffeln auf ein mit Pergamentpapier ausgelegtes Backblech legen. Kokosnusscreme, Zwiebel, Knoblauch, Ingwer und Orangensaft zu den pürierten Süßkartoffeln geben. Gut mischen.

5 Die ausgehöhlten Süßkartoffelhälften mit der pürierten Mischung füllen. Vor dem Servieren weitere fünf Minuten im Ofen backen.

WHITE CHOCOLATE MACADAMIA –
COOKIES AUSTRALISCHER ART

6 – 12 Port.   20 Min.   Leicht

Zutaten

150 g Weizenmehl
½ TL Backpulver
150 g Streuzucker
50 g hellbrauner Zucker
125 g Butter
½ TL Vanilleextrakt
1 Ei
180 g weiße Schokoladenstücke
150 g geröstete Macadamianüsse

1 Den Ofen auf 200 °C (Ober-/Unterhitze) vorheizen. Zwei Backbleche mit Backpapier auslegen. Die Macadamianüsse im Mörser grob zerkleinern. Butter im Wasserbad schmelzen.

2 Mehl, Backpulver und Zucker in eine große Schüssel sieben. Butter, Vanilleextrakt und Ei unterrühren, dann Schokolade und Nüsse dazugeben. Mit Esslöffeln Teig in einem Abstand von 5 cm auf die Bleche geben.

3 Kekse etwa zehn Minuten backen. Auf den Blechen abkühlen lassen.

Nährwerte p. P.

100 kcal
12 g Kohlenhydrate
5 g Fett
2 g Eiweiß

Zubereitungstipp: Die Kekse können in Triple-Chocolat-Version hergestellt werden. Dazu etwa 50 g von Bitter-, Vollmilch- und weißer Schokolade nehmen.

OTAI –
SÜSSES GETRÄNK AUS TONGA

8 – 10 Port.   10 Min.   Leicht

Zutaten

1 Wassermelone (ca. 800 g)
1 Dose Ananas (etwa 400 g)
400 g Kokosnussmilch
100 ml Kokosnusswasser
2 EL Limettensaft
2 - 3 TL Sirup (z. B. Ahorn)

1 Vor der Zubereitung die Kokosnussmilch und das Kokosnusswasser kühlstellen. Wassermelonenfleisch aus der Melone schneiden und würfeln. Ananasstückchen abgießen.

2 Die Wassermelone in eine große Schüssel geben und pürieren oder raspeln, bis sie größtenteils flüssig ist, aber noch einige kleine Stücke übrigbleiben. Die Ananasstückchen, Kokosnussmilch, Kokosnusswasser und Limettensaft hinzufügen und noch ein wenig pürieren und gut umrühren. Abschmecken und Sirup hinzufügen.

Nährwerte p. P.

230 kcal
8 g Kohlenhydrate
24 g Fett
2 g Eiweiß

Zubereitungstipp: Wenn ein süßeres Getränk gewünscht wird, dann 30 Minuten abkühlen lassen und auf Eis servieren.

SAUSAGE ROLLS AUS AUSTRALIEN

8 Port. 55 Min. Leicht

Zutaten

450 g (Schweins-)Würst-
chen
1 Packung gefrorener
Blätterteig
125 g italienische
Semmelbrösel
100 ml Milch
1 Knoblauchzehe
½ TL Paprika
Salz, Pfeffer (nach
Geschmack)
1 Ei
1 EL Wasser

Nährwerte p. P.

864 kcal
38 g Kohlenhydrate
68 g Fett
27 g Eiweiß

1 Befolgen Sie unbedingt die Anweisungen auf der Verpackung des Blätterteigs, damit der Teig richtig aufgetaut und gebrauchsfertig ist. Den Ofen auf 220 °C (Ober-/Unterhitze) vorheizen.

2 Den Knoblauch schälen und fein hacken. Den Teig auf einer leicht bemehlten Fläche ausrollen. Sie sollten zwei große Quadrate erhalten. Jedes Quadrat in der Mitte durchschneiden, sodass vier lange Rechtecke entstehen.

3 Die Würstchen, Semmelbrösel, Milch, Knoblauch, Paprika, Salz und Pfeffer in einer großen Schüssel oder Küchenmaschine vermischen, bis alle Zutaten gründlich eingearbeitet sind. Die Wurstmischung gleichmäßig in vier Teile aufteilen und aus jedem Teigrechteck eine lange Röhre formen. Den Teig über die Würstchen aufrollen und die Naht zusammenkneifen. Schneiden Sie jede Rolle in vier Teile. Legen Sie die Abschnitte auf ein mit Backpapier ausgelegtes Backblech. Das Ei mit Wasser verrühren und jede Rolle damit bestreichen. Dann etwas Paprika darüberstreuen.

4 Sausage Rolls etwa fünf Minuten lang bei 220 °C backen, dann auf 180 °C reduzieren und weitere 30 - 35 Minuten backen. Nach der Hälfte der Backzeit den Überschuss aus vom Backblech abgießen. Die Brötchen sollten aufgeblasen und golden aussehen und die Wurst in der Mitte sollte durchgebraten sein. Auf Papiertüchern abkühlen lassen.

Serviertipp: Diese Brötchen werden traditionell pur oder in Ketchup getunkt gegessen. Sie schmecken auch köstlich mit Barbecue-Soße, Marinara, Alfredo-Soße, Bratensoße und Käsesoße.

SAIPAN –
ROTER REIS AUS MIKRONESIEN

4 Port.   55 Min.   Leicht

Zutaten

115 g Annatto-Samen
(Samen des Orleans-
strauchs)
500 ml Wasser
400 g Mittelkornreis
2 Scheiben Speck
½ Zwiebel

Nährwerte p. P.

317 kcal
63 g Kohlenhydrate
3 g Fett
6 g Eiweiß

1 Die Annatto-Samen etwa 30 Minuten lang in Wasser einweichen, bis die Flüssigkeit ein sattes, dunkles Rot annimmt. In der Zwischenzeit die Zwiebel schälen und fein hacken. Den Speck in eine Pfanne ohne Öl geben und kurz anbraten. Anschließend herausnehmen, auskühlen lassen und klein hacken. Die Samen abgießen und die Flüssigkeit aufbewahren.

2 Reis, Speck und Zwiebel in den Topf geben und die Annatto-Flüssigkeit hinzufügen. Den Reis zum Kochen bringen und so lange kochen lassen, bis die Flüssigkeit fast vollständig verkocht ist, etwa 15 - 20 Minuten. Anschließend abdecken, Hitze reduzieren und 15 Minuten köcheln lassen. Umrühren und servieren.

Europa

SCHWEDISCHE FLEISCHBÄLLCHEN

6 Port.   30 Min.   Mittel

Zutaten

500 g Rinderhackfleisch
50 g Brotkrümel
1 EL gehackte Petersilie
¼ TL gemahlener Piment
¼ TL gemahlene Muskatnuss
1 Zwiebel
½ TL Knoblauchpulver
⅛ TL Pfeffer
½ TL Salz
1 Ei
1 EL Olivenöl
5 EL Butter
3 EL Mehl
500 ml Rinderbrühe
1 Becher Sahne (200 ml)
1 EL Worcestershire-Soße
1 TL Dijon-Senf

Nährwerte p. P.

499 kcal
10 g Kohlenhydrate
43 g Fett
17 g Eiweiß

1 Zwiebel fein hacken. In einer mittelgroßen Schüssel Rinderhackfleisch, Brotkrümel, Petersilie, Piment, Muskatnuss, Zwiebel, Knoblauchpulver, Pfeffer, Salz und Ei vermengen, bis alles gut vermischt ist. Die Masse zu zwölf großen Fleischbällchen oder 20 kleinen Fleischbällchen formen. In einer großen Pfanne Olivenöl und 1 EL Butter erhitzen. Die Fleischbällchen hineingeben und unter ständigem Wenden braten, bis sie auf jeder Seite braun und durchgebraten sind. Auf einen Teller geben und mit Folie abdecken.

2 4 EL Butter und Mehl in die Pfanne geben und verquirlen, bis es braun wird. Langsam Rinderbrühe und Sahne einrühren. Worchestershire-Soße und Dijon-Senf hinzufügen und köcheln lassen, bis die Soße einzudicken beginnt. Mit Salz und Pfeffer abschmecken.

3 Die Fleischbällchen zurück in die Pfanne geben und weitere 1 - 2 Minuten köcheln lassen. Über Eiernudeln oder Reis servieren.

BROMBÆRSNITTER –
DÄNISCHER BROMBEERKUCHEN

12 Port.   1 Std. 50 Min.   Leicht

Zutaten

300 g Mehl (Type 405)
200 g Butter
100 g Puderzucker
2 Eigelb
10 EL Brombeermarmelade (oder Himbeermarmelade)
400 g Puderzucker
ein wenig Wasser

Nährwerte p. P.

422 kcal
48 g Kohlenhydrate
23 g Fett
8 g Eiweiß

1 In einer großen Schüssel das Mehl und den Puderzucker mischen. Die kalte Butter in kleinere Stücke schneiden und zu der Mehl-Zucker-Mischung geben. Mit den Händen die Butter mit dem Mehl vermischen. Der Teig ist fertig, wenn er Streusel-Konsistenz erreicht hat. Die Eigelbe hinzugeben und alles gut miteinander verrühren. Der Teig soll durch Hinzugabe des Eis eine glatte Konsistenz bekommen. Teilen Sie den Teig in zwei gleich große Stücke und drücken Sie sie ein wenig flach. Den Teig etwa eine Stunde lang im Kühlschrank abkühlen lassen.

2 Legen Sie ein Blatt Backpapier auf Ihren Küchentisch; nehmen Sie ein Nudelholz und drücken Sie das erste Teigstück flach. Die Dicke sollte etwa 3 - 5 mm betragen. Schneiden Sie die Ränder des Teiges so ein, dass er ungefähr 30 x 30 cm groß ist. Zur Abmessung können Sie eine Springform zur Hilfe nehmen.

3 Backen Sie dieses erste Teigstück bei 175 °C (Ober-/Unterhitze) für etwa zwölf Minuten. Der Kuchen sollte goldgelb sein, wenn er fertig ist. Rollen Sie das zweite Teigstück aus und backen Sie es so, wie Sie es mit dem ersten Teigstück gemacht haben. Lassen Sie die beiden Kuchenbleche auf einem Backgitter abkühlen.

4 Verteilen Sie die Brombeermarmelade auf einem Kuchen. Legen Sie dann den zweiten Kuchenboden obendrauf.

5 Für die Glasur den Puderzucker mit sehr wenig Wasser verrühren. Verteilen Sie den Zuckerguss auf dem zusammengesetzten Kuchen. Zum Schluss mit einigen gefriergetrockneten Beeren bestreuen und den Kuchen in zwölf gleich große Stücke schneiden.

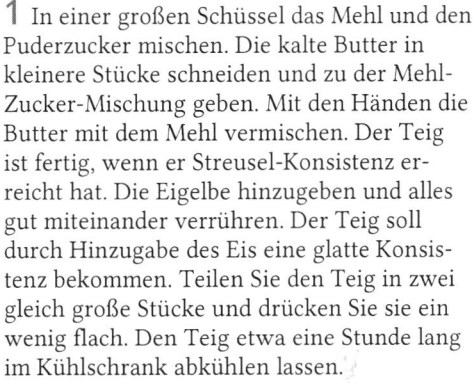

KLASSISCHE ITALIENISCHE SPAGHETTI CARBONARA

4 Port.   30 Min.   Leicht

Zutaten

100 g Bauchspeck
50 g Pecorino-Käse
50 g Parmesan
3 große Eier
350 g Spaghetti
2 Knoblauchzehen
50 g ungesalzene Butter
Meersalz und frisch
gemahlener schwarzer
Pfeffer

Nährwerte p. P.

655 kcal
66 g Kohlenhydrate
31 g Fett
32 g Eiweiß

1 Bringen Sie einen großen Topf mit Wasser zum Kochen. Bauchspeck fein hacken, vorher die Schwarte entfernen. Pecorino-Käse und Parmesan fein reiben und miteinander vermischen.

2 Die Eier in einer mittelgroßen Schüssel aufschlagen und mit etwas frisch geriebenem schwarzen Pfeffer würzen. Alles beiseitestellen.

3 1 TL Salz in das kochende Wasser geben, Spaghetti hinzufügen und sobald das Wasser wieder kocht zugedeckt zehn Minuten lang oder bis sie bissfest sind köcheln lassen.

4 Knoblauch schälen. Die Knoblauchzehen mit der Klinge eines Messers zerdrücken, um sie zu zerquetschen.

5 Während die Spaghetti kochen, den Bauchspeck mit dem Knoblauch anbraten. Geben Sie die ungesalzene Butter in eine große Pfanne oder einen Wok und braten Sie, sobald die Butter geschmolzen ist, den Speck und den Knoblauch etwa fünf Minuten an. Der Bauchspeck sollte golden und knusprig sein. Der Knoblauch kann nach dem Bratvorgang entfernt werden.

6 Die Hitze unter dem Bauchspeck auf niedriger Stufe halten. Wenn die Nudeln fertig sind, nehmen Sie sie mit einer Nudelgabel oder einer Zange aus dem Wasser und geben sie mit dem Bauchspeck in die Pfanne. Machen Sie sich keine Sorgen, wenn auch ein wenig Wasser in die Pfanne tropft (das ist gewollt) und gießen Sie das Nudelwasser noch nicht weg.

7 Den größten Teil des Käses unter die Eier mischen, eine kleine Handvoll zum späteren Bestreuen zurückbehalten. Nehmen Sie die Pfanne mit den Spaghetti und dem Bauchspeck vom Herd. Jetzt schnell die Eier und den Käse hineingießen. Heben Sie die Spaghetti mit einer Zange oder einer langen Gabel an, damit sie sich leicht mit der Eimischung vermengen. Fügen Sie zusätzliches Nudelkochwasser hinzu, um die Spaghetti saftig zu halten (einige EL sollten genügen). Sie sollen nicht nass, sondern nur feucht sein. Bei Bedarf mit etwas Salz würzen.

8 Verwenden Sie eine lange Gabel, um die Nudeln auf einen Servierteller oder eine Schüssel zu geben. Sofort mit dem restlichen Käse und mit schwarzem Pfeffer bestreuen und servieren. Sollte das Gericht vor dem Servieren etwas trocken werden, geben Sie etwas mehr heißes Nudelwasser hinzu, damit die Soße wieder glänzend wird.

Serviertipp: Mit frischen Kirschtomaten und einem fruchtigem Sauvignon Blanc anrichten.

GEFÜLLTE KIRSCHPAPRIKASCHOTEN AUS SPANIEN

20 Port.　　10 Min.　　Leicht

1 Die Artischocken und eine Handvoll Rucola fein hacken. Mit dem zerbröckelten Feta mischen.

2 Die Mischung mit einem Löffel in die eingelegten Paprikaschoten geben und als Häppchen servieren.

Zutaten

3 gegrillte Artischocken,
aus dem Glas
eine Handvoll Rucola
2 EL zerbröckelter Feta
20 abgetropfte eingelegte
Kirschpaprikaschoten

Nährwerte p. P.

31 kcal
5 g Kohlenhydrate
0 g Fett
1 g Eiweiß

CATAPLANA –
FISCHEINTOPF AUS PORTUGAL

5 – 6 Port. 50 Min. Mittel

Zutaten

80 ml Olivenöl, kaltgepresst
220 g Linguiça (portugiesische Schweinswurst, mit Paprika gewürzt)
1 große gelbe Zwiebel
2 Cubanelle-Chilis
4 Knoblauchzehen
120 ml Weißwein, trocken
400 g Tomaten
500 ml Muschelsaft
2 Lorbeerblätter
1 ½ TL Paprika
½ TL Safranfäden
200 g Grünkohl
½ TL koscheres Salz
¼ TL schwarzer Pfeffer
8 Littleneck Clams (Muscheln)
220 g schwanzlose, rohe, große Garnelen (ca. 12 Garnelen)
100 g geputzte, kleine Tintenfischtentakel (12 - 15 kleine Tentakel)
8 Miesmuscheln
Brötchen

Nährwerte p. P.

470 kcal
14 g Kohlenhydrate
30 g Fett
31 g Eiweiß

1 Die Wurst in gleich dicke Scheiben schneiden. Zwiebel der Länge nach halbieren und ebenfalls in dünne Scheiben schneiden. Chilis putzen, halbieren und entkernen. Quer in Scheiben schneiden. Knoblauchzehen schälen und wie die Chilis in Scheiben schneiden. Die Tomaten schälen, mit der Hand zerdrücken und den Saft dabei in einer Schale auffangen. Die Safranfäden kleinhacken, ebenso den Grünkohl. Den Fisch putzen, die Muscheln von ihren Beinen befreien.

2 Öl in einem großen Bratentopf erhitzen. Wurst hinzufügen; unter häufigem Rühren etwa drei Minuten kochen, bis das Fett gerade anfängt zu schmelzen. Zwiebel, Chilischoten und Knoblauch hinzufügen und unter häufigem Rühren kochen, bis das Gemüse gerade weich geworden ist (etwa 5 - 7 Minuten).

3 Den Wein zu der Mischung im Bratentopf geben und aufkochen, dabei alle gebräunten Stücke vom Boden des Bratentopfes abkratzen, bis sie fast verdampft sind. Zerdrückte Tomaten und deren Saft, Muschelsaft, Lorbeerblätter, Paprika und Safran hinzufügen. Bei mittlerer bis hoher Hitze zum Kochen bringen. Abdecken und die Hitze auf mittlere bis niedrige Stufe reduzieren; 15 Minuten köcheln lassen. Grünkohl, Salz und schwarzen Pfeffer unter den Eintopf rühren. Clams, Garnelen, Tintenfisch und Miesmuscheln in den Eintopf geben. Abdecken und die Hitze auf mittlere bis hohe Stufe erhöhen. Alles weitere sechs Minuten kochen lassen, bis sich die Muscheln öffnen und die Garnelen und Tintenfische gerade durch sind.

4 Die Brötchen im Ofen erwärmen und gemeinsam mit dem warmen Eintopf servieren.

Serviertipp: Schmeckt besonders gut mit Chardonnay oder Weißburgunder.

ZÜRICHER GESCHNETZELTES

4 Port. 35 Min. Mittel

Zutaten

340 g Kalbskarree
120 g Kalbsniere
2 EL Butterschmalz
2 Schalotten
200 g Pilze
1 EL Mehl (Type 405)
240 ml trockener Weiß-
wein
240 ml Rinderbrühe
1 TL Zitronenschale
80 ml Schlagsahne
2 EL gehackte, frische
Petersilie
Salz (zum Abschme-
cken)
frisch gemahlener
schwarzer Pfeffer (nach
Geschmack)

Nährwerte p. P.

433 kcal
14 g Kohlenhydrate
21 g Fett
37 g Eiweiß

1 Pilze schneiden und hobeln. Schalotten schälen und fein hacken. Kalbskarree und -niere in dünne Streifen schneiden. Ein Esslöffel Butterschmalz bei starker Hitze schmelzen und die Fleischstreifen kurz anbraten, bis sie nicht mehr rosa sind. Aus der Pfanne nehmen und warmstellen.

2 Einen weiteren Esslöffel Butterschmalz in die Pfanne geben und die gehackten Schalotten einrühren. Zwei Minuten braten, dann die Pilze in die Pfanne geben und braten, bis sie weich und braun sind. Die Pilze mit einem Esslöffel Mehl bestreuen und umrühren. Eine Minute lang kochen.

3 Unter Rühren langsam den Weißwein und die Rinderbrühe in die Mischung geben. Zum Kochen bringen und kochen, bis die Soße um die Hälfte reduziert ist. Zitronenschale, Sahne sowie Salz und Pfeffer nach Geschmack einrühren. Das angebratene Fleisch wieder in die Pfanne geben und erwärmen, aber die Soße nicht mehr kochen lassen. Mit gehackter Petersilie bestreut servieren.

Zubereitungstipp: Dieses Gericht wird traditionell mit Kalbslende und Kalbsniere zubereitet, man kann aber auch Schweinelende oder Huhn für diese Soße verwenden.

POLNISCHE PIROGGEN

8 Port.   2,5 Std.   Mittel

Zutaten

Für die Füllung:
5 Kartoffeln, mittelgroß
220 g Bauernkäse
1 EL Blauschimmelkäse
2 EL Cheddar-Käse
1 Zwiebel
½ TL Knoblauchpulver
½ TL Zwiebelpulver
1 EL pflanzliches Öl
koscheres Salz
frisch gemahlener schwarzer
Pfeffer (zum Abschmecken)

Für den Teig:
350 g Vollkornmehl
120 ml Milch
100 ml warmes Wasser
1 EL Butter
ein wenig koscheres Salz

Für die Garnierung:
1 Zwiebel, groß
3 Scheiben Speck, gewürfelt
½ Becher saure Sahne (etwa
80 ml)
2 EL pflanzliches Öl

Nährwerte p. P.

411 kcal
56 g Kohlenhydrate
14 g Fett
14 g Eiweiß

1 Für die Füllung die Zwiebel schälen und hacken. Kartoffeln schälen und in einen Topf geben, mit Wasser bedecken und so lange kochen, bis sie gabelweich sind. In der Zwischenzeit das Öl in einer Pfanne erhitzen, die Zwiebeln hinzufügen und goldbraun braten.

2 Sobald die Kartoffeln gar sind, mit einer Kartoffelpresse oder einem Kartoffelstampfer die Kartoffeln so zerdrücken, dass sie keine Klumpen mehr haben. Bauernkäse hinzugeben und verrühren. Zwiebeln, andere Käsesorten, Zwiebelpulver, Knoblauchpulver, Salz und Pfeffer hinzugeben und gut vermischen.

3 Für den Teig zunächst die Butter schmelzen. Das Mehl auf eine Arbeitsfläche oder eine andere Oberfläche geben, auf der man den Teig herstellen kann. Eine Prise Salz hinzugeben. In der Mitte eine kleine Mulde bilden und Milch und Butter dazugeben. Fügen Sie nach und nach etwas Wasser hinzu und bearbeiten Sie den Teig, bis Sie eine Kugel formen können. Danach mit der großen Schüssel abdecken und etwa 20 - 30 Minuten ruhen lassen.

4 Den Teig dünn ausrollen und entweder mit einem Ausstecher oder einem großen Weinglas Kreise ausstechen. Einen Teelöffel der Füllung in die Mitte des Kreises setzen. Eine Hälfte des Kreises befeuchten und dann verschließen.

5 Einen großen Topf mit Wasser zum Kochen bringen und mit Salz würzen. Sobald das Wasser kocht, etwa acht Piroggen auf einmal hineinlegen. Sobald sie an die Oberfläche kommen, lassen Sie sie eine Minute lang kochen und geben Sie sie auf einen Teller.

6 In separaten Pfannen Öl und Zwiebeln erhitzen und die Zwiebeln goldbraun und den Speck knusprig braten (für den Speck braucht man kein Fett, da er bereits fett ist). Zwiebeln und Speck auf die Piroggen geben und mit saurer Sahne servieren.

Zubereitungstipp: Die Piroggen können auch nach der Kochzeit kurz in einem Esslöffel Öl angebraten werden. Dadurch erhalten sie eine schöne goldbraune Färbung.

FRANZÖSISCHE CROISSANTS

15 Port.   4 Std. 25 Min.   Schwer

Zutaten

Für den Teig:
1 kg Mehl (Type 405)
420 ml Wasser
3 Eier
45 g frische Hefe
18 g Salz
100 g Kristallzucker
20 g Honig
70 g Butter
400 g Tourage Butter
(spezielle trockene Butter mit 84 % Fettanteil, alternativ trockene Butter)

Für die Eimasse:
10 Eier (Eigelb)
30 g Schlagsahne

Nährwerte p. P.
291 kcal
30 g Kohlenhydrate
16 g Fett
4 g Eiweiß

1 Am Vortag Mehl, Wasser, Eier, frische Hefe, Salz, Zucker und Honig in eine Rührschüssel mit einem Knethaken geben. Stellen Sie Ihren Mixer auf eine mittlere bis niedrige Geschwindigkeit und mischen Sie die Zutaten, bis Sie einen homogenen Teig haben. Stellen Sie dann die Geschwindigkeit Ihres Mixers auf eine höhere Stufe und mischen Sie, bis sich der Teig von den Rändern der Rührschüssel ablöst.

2 Die (normale) Butter hinzufügen und kneten, bis der Teig zusammenhält. Den Teig mit einem feuchten Tuch abdecken und bei Zimmertemperatur (24 - 25 °C) eine Stunde lang gehen lassen.

3 Den Teig flachdrücken, um die Luft herauszudrücken, dann zu einem großen Rechteck ausrollen, das der Breite der Beurre de Tourage entspricht und die doppelte Länge hat. Den Teig fünf Minuten in den Gefrierschrank und dann 15 Minuten in den Kühlschrank legen. Die Beurre de Tourage in die Mitte des Teigs geben, den Teig von jeder Seite nach oben falten, sodass die Butter bedeckt ist.

4 Drehen Sie den Rand der sichtbaren Butter zu sich hin. Mit einem Nudelholz eine Doppelfalte machen: von unten nach oben rollen, bis eine Dicke von etwa 7 mm erreicht ist. Zeichnen Sie eine kleine Markierung in die Mitte des Teigs, falten Sie Ober- und Unterseite in die Mitte und falten Sie den Teig erneut wie eine Brieftasche in der Mitte. Decken Sie den Teig in Frischhaltefolie ein und legen Sie ihn für zehn Minuten in den Kühlschrank.

5 Zum Schluss eine einzige Falte machen: Den Teig 1 cm dick ausrollen und dabei von unten nach oben zu einem langen Rechteck rollen. Falten Sie die Oberseite über ein Drittel des Teigs und falten Sie dann die Unterseite über die Oberseite. Rollen Sie den Teig sofort auf eine Dicke von 3,5 mm aus, um mit dem Schneiden und Formen der Hörnchen zu beginnen.

6 Eigelb und Sahne in einer Schüssel miteinander verquirlen. Schneiden Sie Dreiecke von ca. 7 cm Breite und 35 cm Höhe. Die Dreiecke von unten nach oben aufrollen, um die Hörnchen zu formen. Zwei Stunden lang bei etwa 26 °C aufgehen lassen.

7 Den Backofen auf 175 °C vorheizen. Die Croissants auf ein mit Backpapier ausgelegtes Backblech legen und mit einem Pinsel eine dünne Schicht Eiermilch auf jedes Croissant auftragen. 15 Minuten lang backen. Wenn sie goldgelb sind, die Croissants herausnehmen und auf einem Rost abkühlen lassen.

Zubereitungstipp: Wenn Sie keine Tourage Butter finden, können Sie sich diese selbst vorbereiten. Dazu 84 %-ige Butter mit Back- oder Brotpapier umwickeln und den Block vorsichtig in die gewünschte Form rollen.

OKROSHKA –
UKRAINISCHE SOMMERSUPPE

4 Port.   3,5 Std.   Leicht

Zutaten

2 - 3 Kartoffeln
2 Eier
2 - 3 Salatgurken
5 Radieschen
500 g Schinken
1 l Kefir
Salz, Pfeffer (nach
Geschmack)
Dill, Petersilie,
Frühlingszwiebeln (nach
Geschmack)

Nährwerte p. P.

268 kcal
13 g Kohlenhydrate
16 g Fett
14 g Eiweiß

1 Kartoffeln waschen und mit der Schale kochen. Dann die Kartoffeln auf einen Teller geben und abkühlen lassen. Die Eier waschen, in Salzwasser legen und hartkochen. Dann in kaltes Wasser geben.

2 Waschen Sie das Gemüse und trocknen Sie es auf einem Küchentuch ab. Radieschen und Gurken in Würfel schneiden, Dill, Petersilie und Frühlingszwiebeln hacken. Die Kartoffeln schälen und in mittelgroße Stücke schneiden. Dann die Eier schälen und in Scheiben schneiden. Schinken in Würfel schneiden.

3 Geben Sie die vorbereiteten Zutaten in einen tiefen Topf. Mischen Sie sie und gießen Sie mit dem Kefir auf. Schmecken Sie die Okroshka ab und würzen Sie sie bei Bedarf mit Salz oder Pfeffer. Für etwa zehn Minuten aufkochen lassen.

4 Sie können Okroshka sofort nach dem Kochen servieren. Es ist jedoch besser, sie vor dem Verzehr ein paar Stunden in den Kühlschrank zu stellen.

Serviertipp: Sie können die Okroshka auch mit einem Eiswürfel servieren und erhalten so einen besonderen Geschmack!

FRISCHER GRIECHISCHER SALAT

4 Port.   10 Min.   Leicht

Zutaten

275 g Cocktailtomaten
1 mittelgroße Gurke
1 Paprikaschote
140 g Oliven, schwarz &
grün
220 g Fetakäse

Für das Salatdressing:

4 EL Olivenöl
1 EL frischer Zitronen-
saft
1 EL Rotweinessig
2 Knoblauchzehen
1 Stängel frische Peter-
silie
1 TL getrockneter
Oregano
1 TL Honig
Salz, Pfeffer (nach
Geschmack)

Nährwerte p. P.

359 kcal
8 g Kohlenhydrate
31 g Fett
11 g Eiweiß

1 Cocktailtomaten halbieren. Gurke waschen und in Scheiben schneiden. Paprikaschote waschen und hacken. Vorbereitetes Gemüse gemeinsam mit Oliven in eine Schüssel geben und Feta hineinbröseln.

2 Knoblauch und Petersilie hacken. Mit Olivenöl, Zitronensaft, Rotweinessig, Oregano und Honig in eine kleine Schüssel geben und alles gut verquirlen. Mit Salz und Pfeffer würzen.

3 Das Dressing über den Salat träufeln und gleichmäßig schwenken. Servieren und genießen!

GEFÜLLTE AUBERGINEN TÜRKISCHER ART

6 Port.   55 Min.   Mittel

Zutaten

3 Auberginen
2 TL Salz
1 EL Olivenöl
1 Zwiebel
500 g mageres Rinder-
hackfleisch
1 grüne Paprikaschote
3 Knoblauchzehen
4 EL Tomatenmark
2 TL Meersalz
1 TL Aleppo-Pfeffer
oder rote Chiliflocken
1 TL Paprikapulver
1 Dose gewürfelte
Tomaten (ca. 400 g)
1 Stängel Petersilie
2 - 3 EL neutrales Öl
1 Chilischote, grün
120 ml Wasser

Nährwerte p. P.

397 kcal
34 g Kohlenhydrate
19 g Fett
26 g Eiweiß

1 Auberginen halbieren. Zwiebel schälen und würfeln. Paprikaschote putzen, dann in feine Streifen schneiden und grob hacken. Knoblauch schälen und ebenfalls fein hacken. Petersilie und Chilischote fein schneiden. Den Ofen auf 200 °C (Ober-/Unterhitze) vorheizen.

2 In die Mitte der halbierten Auberginen einen Schlitz schneiden, ohne die Haut zu durchstechen. Die Auberginen mit Salz bestreuen und beiseitestellen. So können sie das überschüssige Wasser besser abgeben.

3 Erhitzen Sie eine große Pfanne auf mittlerer bis hoher Stufe. Das Olivenöl hineingeben und sobald es heiß ist, die gewürfelte Zwiebel hinzufügen. Drei Minuten lang anbraten. Das Rinderhackfleisch hinzugeben und 2 - 3 Minuten anbraten oder bis das meiste Rosa ist. Die gewürfelte Paprika hinzufügen und zwei Minuten lang anbraten. Dann das Tomatenmark, Meersalz, Aleppo-Pfeffer und Paprika in die Pfanne geben. Ununterbrochen 30 Sekunden lang rühren, bis das Tomatenmark eingearbeitet ist. Die gewürfelten Tomaten einrühren und die Mischung fünf Minuten lang auf kleiner Flamme köcheln lassen. Die Pfanne vom Herd nehmen und die gehackte Petersilie einrühren.

4 Mit einem Papiertuch überschüssiges Wasser von den Auberginen entfernen. Einige Esslöffel neutrales Öl in einer großen Pfanne oder einem gusseisernen Topf erhitzen. Die Auberginen mit der Schnittseite nach unten einige Minuten lang braten, bis sie gebräunt und etwas knusprig sind. Umdrehen und die Hautseite zwei Minuten lang braten. Herausnehmen und auf ein Küchentuch legen.

5 Die Auberginen auf ein großes, umrandetes Backblech oder in eine große Auflaufform legen. Mit der Fleisch-Paprika-Mischung füllen. Auf jede Aubergine eine oder zwei Scheiben grüne Chilischoten legen. Die restlichen zwei Esslöffel der Füllung mit 120 ml Wasser verrühren und dann auf den Boden des umrandeten Backblechs oder der Auflaufform gießen. Die Auberginen mit Alufolie abdecken. 20 Minuten zugedeckt backen, dann die Folie entfernen und weitere zehn Minuten backen. Aus dem Ofen nehmen und sofort servieren.

BLITVA –
KROATISCHE BEILAGE

2 – 4 Port. 40 Min. Leicht

Zutaten

6 - 8 Kartoffeln, groß
12 - 14 Stiele Mangold
6 Knoblauchzehen
120 ml natives Olivenöl extra
½ TL rote Chiliflocken
Meersalz, Pfeffer (zum Abschmecken)

Nährwerte p. P.

283 kcal
19 g Kohlenhydrate
17 g Fett
9 g Eiweiß

1 Kartoffeln waschen, schälen und in Würfel schneiden. Schneiden Sie die Stiele des Mangolds in Scheiben und hacken Sie die Blätter. Den Knoblauch schälen und in Scheiben schneiden.

2 Die Kartoffeln in einen mittelgroßen Topf (mit Deckel) mit etwa 500 ml Wasser geben und kochen, bis sie weich sind. Das dauert etwa 20 - 25 Minuten. Die Flüssigkeit abgießen und die Kartoffeln beiseitestellen.

3 In einer großen Pfanne bei mittlerer Hitze etwa die Hälfte des Olivenöls erhitzen. Knoblauch hinzufügen und einige Minuten lang anbraten, bis er duftet und weich ist.

4 Die Hitze auf mittlere bis hohe Stufe erhöhen. Die Kartoffeln zugeben und in dem Knoblauch-Olivenöl etwa fünf Minuten lang braten, dabei immer wieder wenden. Den Mangold hinzugeben und durchschwenken und vermengen. Das restliche Olivenöl, rote Chiliflocken sowie Salz und Pfeffer nach Geschmack hinzufügen.

5 Die Hitze auf niedrige Stufe reduzieren und die Pfanne abdecken. Diese Mischung etwa zehn Minuten dämpfen/kochen lassen.

BAYERISCHER SCHMORBRATEN

10 Port. 3 Std. Mittel

Zutaten

2 EL Rapsöl
1 entbeinter Rinderfilet-
braten (ca. 1 ½ kg)
300 ml Wasser
200 ml Bier oder Rinder-
brühe
220 g Tomatensoße
2 Zwiebeln
2 EL Zucker
1 EL weißer Essig
2 TL Salz
1 TL gemahlener Zimt
1 Lorbeerblatt
½ TL Pfeffer
½ TL gemahlener Ing-
wer

1 Zwiebeln schälen und hacken. Öl in einem großen, gusseisernen Topf erhitzen. Den Braten hineingeben und von allen Seiten anbraten.

2 In der Zwischenzeit Wasser, Bier und Tomatensoße vermengen. Gehackte Zwiebeln hinzugeben. Zucker, Essig, Salz, Zimt, Pfeffer und Ingwer vermischen und unterrühren. Über das Fleisch gießen und das Lorbeerblatt hinzugeben. Bringen Sie alles zum Kochen. Danach die Hitze reduzieren und zugedeckt für etwa 2 - 3 Stunden köcheln lassen, bis das Fleisch zart ist.

3 Das Fleisch herausnehmen und in Scheiben schneiden. Das Lorbeerblatt wegwerfen. Falls gewünscht, den Bratensaft für die Soße andicken.

Nährwerte p. P.

218 kcal
5 g Kohlenhydrate
16 g Fett
27 g Eiweiß

Zubereitungstipp: Der Braten wird gekocht, kann aber auch in einer ofenfesten Form bei ca. 200 °C (Ober-Unterhitze) gebraten werden.

ORIGINAL BELGISCHE POMMES

4 Port. 10 Min. Leicht

Zutaten

500 g Kartoffeln
½ TL Salz
Pflanzenöl (um die Kartoffeln zu braten)

Nährwerte p. P.

96 kcal
22 g Kohlenhydrate
1 g Fett
3 g Eiweiß

1 Die Kartoffeln waschen, schälen und in Scheiben schneiden; der Länge nach etwas dicker als Pommes frites.

2 Die Kartoffeln mit einem Papiertuch abtrocknen. Einen großen Topf oder eine Fritteuse nehmen und das Öl erhitzen, bis es sprudelt. Die Kartoffeln 4 - 5 Minuten lang frittieren (sie dürfen nicht braun werden).

3 Die Kartoffeln aus dem Öl auf ein Tuch geben und 30 Minuten lang abkühlen lassen. Vor dem Servieren die Kartoffeln noch einmal bei starker Hitze etwa 1 - 2 Minuten frittieren, bis sie hellbraun sind. Salzen und pfeffern und heiß servieren.

TAVE KOSI –
GEBACKENES LAMM AUS ALBANIEN

6 Port. 2 Std. 15 Min. Mittel

Zutaten

100 g Butter
1 EL Pflanzenöl
1,2 kg Lammschulter
3 Knoblauchzehen
200 ml Wasser
55 g langkörniger, weißer Reis
6 - 10 Oreganoblätter
50 g glattes Mehl
650 g Joghurt nach griechischer Art
4 Eier
grüner Salat, zum Servieren (optional)
Salz, Pfeffer

Nährwerte p. P.

584 kcal
30 g Kohlenhydrate
28 g Fett
52 g Eiweiß

1 Lammschulter in Stücke schneiden. Die Stücke sollten etwa 5 cm groß werden. Knoblauchzehen schälen und in dünne Scheiben schneiden. 20 g Butter und etwas Öl in einer großen Bratpfanne bei mittlerer Hitze erhitzen. Lammfleisch mit Pfeffer und Salz würzen, in die Pfanne geben und unter gelegentlichem Wenden fünf Minuten oder bis zur Goldfarbe braten.

2 Knoblauch hinzufügen und unter Rühren zwei Minuten braten, dann das Wasser hinzugeben. Zum Köcheln bringen und bei schwacher Hitze eine Stunde und 30 Minuten kochen, bis das Lammfleisch gerade weich ist. Die Flüssigkeit bis auf 150 ml abgießen, Reis und Oregano unterrühren, würzen, in eine 3-Liter-Auflaufform geben und beiseitestellen.

3 Den Ofen auf 180 °C (Ober-/Unterhitze) vorheizen. Die restlichen 80 g Butter in einem kleinen Topf erhitzen, Mehl hinzufügen und unter Rühren zwei Minuten kochen und beiseitestellen.

4 Joghurt und Eier miteinander verquirlen. Mit Pfeffer und Salz würzen, dann mit dem Schneebesen die Mehlmischung unterrühren. Das Ganze über das Lamm gießen, die Oberfläche glätten und 40 Minuten lang backen, bis das Fleisch zart ist.

Serviertipp: Nach Belieben heiß mit einem grünen Salat servieren.

GEFÜLLTER KOHL AUS UNGARN

6 Port.   2 Std.   Mittel
           45 Min.

Zutaten

1 mittelgroßer Kopf
Weißkohl
450 g Sauerkraut
3 Speckstreifen
2 Zwiebeln
2 Knoblauchzehen
40 g Mehl
1 EL ungarisches
Paprikapulver
¼ TL Cayennepfeffer
450 g zerkleinerte
Tomaten (Dose)
500 ml Rinderbrühe
100 g Langkornreis
500 g Putenhackfleisch
2 EL gehackte, frische
Petersilie
1 TL Salz
½ TL Pfeffer
1 Ei (Größe L)

Nährwerte p. P.

352 kcal
38 g Kohlenhydrate
15 g Fett
24 g Eiweiß

1 Den Langkornreis mit der 1,5-fachen Menge an Wasser für ca. 15 - 20 Minuten garkochen. Das Ei verquirlen. Die Speckstreifen würfeln. Zwiebeln und Knoblauchzehen schälen und fein hacken.

2 Den Strunk aus dem Kohlkopf entfernen. In einen großen Kochtopf geben und mit Wasser bedecken. Zum Kochen bringen und kochen, bis sich die äußeren Blätter vom Kopf lösen. Den Kohl herausheben und die aufgeweichten Blätter entfernen.

3 Kohl zurück ins kochende Wasser geben, um weitere Blätter aufzuweichen. Diesen Vorgang wiederholen, bis alle Blätter entfernt sind. Von jedem Blatt den harten Strunk in der Mitte entfernen. Zwölf große Blätter zum Rollen beiseitelegen.

4 Die Hälfte des Sauerkrauts in eine ofenfeste Form geben und beiseitestellen.

5 In einer großen Pfanne den Speck knusprig braten. Auf Papiertüchern abtropfen lassen. Braten Sie Zwiebel und Knoblauch im Bratfett an, bis sie weich sind. Die Hälfte in eine Schüssel geben und abkühlen lassen. Zur restlichen Zwiebelmischung Mehl, Paprika und Cayennepfeffer geben. 1 - 2 Minuten kochen und rühren. Tomaten und Brühe einrühren und zum Kochen bringen. Vom Herd nehmen und beiseitestellen.

6 Reis, Putenfleisch, Petersilie, Salz, Pfeffer, Ei und Speck zu der abgekühlten Zwiebelmischung geben und gut vermischen. 3 - 4 EL der Mischung auf jedes Kohlblatt geben und aufrollen, dabei die Seiten einschlagen. Die Rollen mit der Nahtseite nach unten auf das Sauerkraut in der Auflaufform legen. Mit dem restlichen Sauerkraut bedecken. Restliche Kohlblätter zerkleinern und über das Sauerkraut legen. Die Tomatenmischung darübergießen und bei Bedarf mit Wasser auffüllen. Abdecken und bei 160 °C (Ober-/Unterhitze) etwa zwei Stunden lang backen.

Nordamerika

KANADISCHER LACHS IN AHORNSIRUP-MARINADE

2 Port.   45 Min.   Leicht

Zutaten

500 g Lachsfilet
2 EL Olivenöl
eine große Prise Kreuz-
kümmel
eine große Prise schwar-
zer Pfeffer
2 EL Ahornsirup
1 TL Zucker
1 grüne Chilischoten
1 Stück Ingwer (2 cm)
Saft einer Zitrone
Salz (zum Abschme-
cken)

1 Ingwer und Chilischote fein hacken. In einer Schüssel den Ahornsirup, eine kräftige Prise Kreuzkümmelpulver, eine große Prise schwarzen Pfeffer, Salz nach Geschmack, Chilischote und gehackten Ingwer verrühren.

2 Olivenöl, den Saft einer Zitrone und den Lachs zu der obigen Mischung geben. Mindestens 30 Minuten lang marinieren lassen.

3 Bei mittlerer Hitze ca. 10 - 15 Minutenin einer heißen Pfanne braten, bis der Lachs gar ist, dabei darauf achten, dass er nicht überkocht. Heiß servieren.

Nährwerte p. P.

336 kcal
5 g Kohlenhydrate
24 g Fett
25 g Eiweiß

FRÜHSTÜCKS-BURRITO AUS MEXIKO

1 Port.   15 Min.   Leicht

Zutaten

1 TL Chipotle-Paste
(geräucherte Jalapeños-
Paste)
1 Ei
1 TL Rapsöl
50 g Grünkohl
7 Kirschtomaten, hal-
biert
½ kleine Avocado
1 Vollkorn-Tortilla-
Wrap
Salz, Pfeffer

Nährwerte p. P.

366 kcal
26 g Kohlenhydrate
21 g Fett
16 g Eiweiß

1 Das Fruchtfleisch der halben Avocado in Scheiben schneiden. Die Chipotle-Paste mit dem Ei und Salz und Pfeffer in einem Krug verquirlen. Das Öl in einer großen Pfanne erhitzen, den Grünkohl und die Tomaten hinzufügen.

2 Braten, bis der Grünkohl und die Tomaten weich geworden sind, dann alles an den Rand der Pfanne schieben. Geben Sie das verquirlte Ei in die freie Hälfte der Pfanne und verrühren Sie es. Alles in die Mitte des Wraps schichten und mit der Avocado belegen, dann einwickeln und sofort essen.

CLASSIC NEW YORK CHEESECAKE

10 Port.   1 Tag   Mittel

Zutaten

Für die Kruste:
100 g Cracker-Krümel
(ca. 12 Cracker)
5 EL ungesalzene Butter
2 EL Zucker
⅛ TL Salz

Für die Füllung:
900 g Frischkäse
240 g Zucker
3 EL Mehl (Type 405)
4 TL Vanilleextrakt
1 Zitrone
¼ TL Salz
6 große Eier
240 ml saure Sahne

Nährwerte p. P.

659 kcal
59 g Kohlenhydrate
43 g Fett
11 g Eiweiß

1 Zitrone pressen, Saft aufbewahren und die Schale abreiben. Heizen Sie den Ofen auf 180 °C (Ober-/Unterhitze) vor und stellen Sie ein Ofengestell in die untere mittlere Position

2 Umwickeln Sie eine 24 cm-Springform mit einem großen Stück Aluminiumfolie, das die Unterseite bedeckt und bis zur Oberseite reicht, sodass keine offenen Stellen am Boden oder an den Seiten der Form entstehen. Wiederholen Sie den Vorgang mit einem weiteren Blatt Folie zur Absicherung. Die Innenseite der Form mit Butter einfetten.

3 Nun die Kruste zubereiten: Dazu als Erstes die Butter schmelzen. In einer mittelgroßen Schüssel die Cracker-Krümel, die geschmolzene Butter, den Zucker und das Salz vermischen. Umrühren, bis alles gut vermischt ist. Drücken Sie die Krümel in einer gleichmäßigen Schicht auf den Boden der vorbereiteten Form. Die Kruste zehn Minuten lang backen, bis sie fest ist. Die Form aus dem Ofen nehmen und beiseitestellen.

4 Die Ofentemperatur auf 160 °C reduzieren. Einen Topf mit Wasser zum Kochen bringen. Den Teig zubereiten: Frischkäse, Zucker und Mehl in der Schüssel eines elektrischen Rührgeräts mit dem Rührbesen auf mittlerer Stufe etwa eine Minute lang zu einem glatten Teig schlagen. Kratzen Sie den Boden und die Seiten der Schüssel ab, um sicherzustellen, dass die Mischung gleichmäßig vermischt ist.

5 Vanille, Zitronenschale, Zitronensaft und Salz hinzugeben und auf niedriger Stufe schlagen, bis alles gut vermischt ist. Die Eier einzeln hinzugeben und bei niedriger Geschwindigkeit verrühren, bis sie eingearbeitet sind, dabei die Schüssel nach Bedarf auskratzen. Die saure Sahne unterrühren. Achten Sie darauf, dass der Teig gleichmäßig ist, aber mischen Sie nicht zu viel.

6 Stellen Sie die Käsekuchenform in eine große Bratpfanne. Gießen Sie den Teig auf die Kruste. Gießen Sie kochendes Wasser in die große Bratpfanne, sodass etwa 2 cm der Kuchenform bedeckt sind. Für etwa eine Stunde und 30 Minuten backen, bis der Kuchen gerade fest geworden ist. Wenn der Käsekuchen gegen Ende oben zu golden aussieht, decken Sie ihn locker mit Folie ab.

7 Der Kuchen sollte überhaupt nicht flüssig aussehen, sondern nur ein wenig wackeln, wenn man die Pfanne anstößt; er wird beim Abkühlen weitergaren. Nehmen Sie den Bräter vorsichtig aus dem Ofen und stellen Sie ihn auf einen Gitterrost. Den Käsekuchen etwa 45 Minuten im Wasserbad abkühlen lassen, bis das Wasser gerade noch warm ist. Die Springform aus dem Wasserbad nehmen und die Folie entsorgen. Falls erforderlich, mit einem Messer mit dünner Klinge am Rand des Kuchens entlangfahren, um sicherzustellen, dass er nicht an den Seiten festklebt, dann mit Frischhaltefolie abdecken und mindestens acht Stunden oder über Nacht im Kühlschrank kaltstellen.

Serviertipp: Servieren Sie den Käsekuchen direkt vom Boden der Form aus und begießen Sie die einzelnen Stücke nach Belieben mit Beerensoße. Kann bis zu drei Monate lang eingefroren werden.

SAN FRANSISCO SOURDOUGH BREAD –
SAUERTEIGBROT

24 Port.　3 Std.　Leicht

Zutaten

600 g Mehl (Type 1150)
3 EL Zucker
2 ½ TL Salz
1 Päckchen Trockenhefe
240 ml warme Milch
2 EL Margarine
200 g Sauerteig-Starter
1 Ei (Größe L)
1 Zwiebel

Nährwerte p. P.

154 kcal
26 g Kohlenhydrate
2 g Fett
5 g Eiweiß

1 Margarine erweichen. In einer großen Schüssel 125 g Mehl, Zucker, Salz und Trockenhefe vermischen. Milch und weiche Butter oder Margarine hinzufügen. Sauerteig-Starter einrühren. Nach und nach das restliche Mehl einrühren.

2 Den Teig auf eine bemehlte Fläche geben und 8 - 10 Minuten kneten. In eine gefettete Schüssel geben, einmal wenden, um die Oberfläche zu ölen, und abdecken. Den Teig eine Stunde gehen lassen oder bis sich das Volumen verdoppelt hat.

3 Abklopfen und 15 Minuten ruhen lassen. Anschließend zu Broten formen. Auf ein gefettetes Backblech legen und eine Stunde oder bis zum doppelten Volumen aufgehen lassen.

4 Zwiebel schälen und fein hacken. Die Oberseite der Brote mit Ei bestreichen und mit gehackten Zwiebeln bestreuen.

5 Bei 190 °C (Ober-/Unterhitze) 30 Minuten lang backen.

TIMBITS –
DONUTS KANADA STYLE

12 Port.   1 Std.   Mittel

Zutaten

500 g Mehl (Type 405)
4 EL Streuzucker
2 EL Backpulver
1 TL Natron
1 TL feines Salz
½ TL geriebene Muskatnuss
2 Eier, verquirlt
300 ml Vollmilch
1 TL Vanilleextrakt
6 EL ungesalzene Butter
Pflanzenöl (zum Braten)
125 g Zucker oder
Puderzucker (für den Belag)

Nährwerte p. P.

294 kcal
50 g Kohlenhydrate
8 g Fett
6 g Eiweiß

1 Butter aufweichen lassen oder im Wasserbad schmelzen. Eine große Menge Öl in eine tiefe Pfanne mit schwerem Boden geben. Bei niedriger bis mittlerer Hitze erhitzen, bis das Öl eine Temperatur von ca. 175 °C erreicht. Während das Öl erhitzt wird, in der Schüssel eines Standmixers Mehl, Zucker, Backpulver, Natron und Muskatnuss vermischen.

2 In einem Messbecher die Milch, die Eier und das Vanilleextrakt verquirlen. Die Milchmischung nach und nach und unter Kneten mit dem Knethaken in die Mehlmischung gießen und verrühren. Die geschmolzene Butter und das Salz hinzugeben und drei Minuten lang bei hoher Geschwindigkeit kneten, bis ein homogener und dicker Teig entsteht. Es ist wichtig, nicht zu lange zu kneten, um besonders weiche Timbits zu erhalten.

3 Mit zwei Esslöffeln Teigportionen abstechen und in heißes Öl tauchen. Die Timbits sollten eine runde, kugelförmige Form erhalten. Etwa zwei Minuten auf jeder Seite frittieren. Die Donuts vorsichtig aus dem Öl nehmen und auf ein mit Papiertüchern ausgelegtes Abkühlgitter legen. Den Zucker in einen tiefen Teller schütten. Die Donuts in dem Zucker wälzen und gut bestreuen. Auf einem Abkühlgitter auskühlen lassen.

KALUA PULLED PORK –
SCHWEINSFILET AUS HAWAII

8 – 10 Port. 3,5 Std. Mittel

Zutaten

1 - 1 ½ kg Schweine-
schulter ohne Knochen
8 - 10 Knoblauchzehen
2 EL Olivenöl
1 großes Bananenblatt,
aufgetaut (falls gefroren)
2 EL (hawaiianisches)
Meersalz
1 ½ EL Raucharoma
500 ml Wasser (oder
wahlweise Hühnerbrühe)

Nährwerte p. P.

390 kcal
39 g Kohlenhydrate
8 g Fett
38 g Eiweiß

1 Den Ofen auf 160 °C (Ober-/Unterhitze) vorheizen und ein Backblech in die Mitte des Ofens schieben. Die Schweineschulter in ca. 3 - 4 Stücke schneiden. Den Knoblauch schälen und der Länge nach in Streifen schneiden. Bananenblatt in etwa drei kleine Stücke schneiden.

2 Das Schweinefleisch mit Knoblauch spicken: Schneiden Sie mit einem scharfen Messer vorsichtig einige tiefe Schlitze in jedes Stück Schweineschulter und stecken Sie dann den in Scheiben geschnittenen Knoblauch in jede Tasche.

3 Nun das Schweinefleisch anbraten. Das Olivenöl in einen großen Topf mit schwerem Boden und Deckel geben und bei mittlerer Hitze erhitzen (ich verwende einen 5-Quadratmeter-Dutch-Oven). Geben Sie das vorbereitete Schweinefleisch vorsichtig hinein, sobald das Öl heiß ist und schimmert. Dabei nach Bedarf schubweise vorgehen, damit der Topf nicht zu voll wird (das verhindert das Anbraten). 4 - 5 Minuten pro Seite braten, bis es schön gebräunt ist. Das gebräunte Schweinefleisch auf einen Teller geben, den Topf vom Herd nehmen und zum Abkühlen beiseitestellen.

4 Das gebratene Schweinefleisch in die Mitte des Bananenblattes legen. Mit den Händen das Salz und ein Esslöffel Raucharoma über die gesamte Oberfläche des Schweinefleischs reiben.

5 Das gewürzte Schweinefleisch in der Mitte des Bananenblattes zu einem kleinen Haufen anordnen und die Ecken und Kanten des Bananenblattes in die Mitte falten, um das Schweinefleisch zu umhüllen. Vorsichtig umdrehen und das eingewickelte Schweinefleisch mit der Nahtseite nach unten auf den zweiten Abschnitt des Bananenblatts legen. Das Falten mit den restlichen Bananenblattstücken wiederholen.

6 Legen Sie das in das Bananenblatt eingewickelte Schweinefleisch mit der Nahtseite nach unten vorsichtig in den Topf, in dem Sie das Schweinefleisch angebraten haben. Gießen Sie das Wasser oder die Hühnerbrühe rund um das in das Bananenblatt eingewickelte Schweinefleisch. Den Topf abdecken und in den Ofen schieben. 2,5 – 3 Stunden garen, bis das Kalua-Schweinefleisch butterzart ist.

7 Das Schweinefleisch vorsichtig auf einen Teller oder ein Schneidebrett legen. Verwenden Sie eine Zange oder zwei Gabeln, um das Schweinefleisch in mundgerechte Stücke zu zerkleinern. Sobald es zerkleinert ist, in eine große Rührschüssel geben. Mit dem restlichen Raucharoma und ein paar Esslöffeln der Kochflüssigkeit im Topf würzen und umrühren. Jetzt können Sie Ihr hawaiianisches Kalua Pulled Pork sofort genießen!

Zubereitungstipp: Es kann sein, dass sich das Bananenblatt während der Arbeit ein wenig spaltet, was nicht schlimm ist. Arbeiten Sie einfach schnell und tun Sie Ihr Bestes, um das Schweinefleisch vollständig in das Bananenblatt einzuwickeln.

MEXIKANISCHE MAISSUPPE

4 Port.   30 Min.   Leicht

Zutaten

1 EL pflanzliches Öl
600 g Zuckermais
(Dose)
1 kleine Zwiebel
1 große Kartoffel
1 TL geräucherte
Paprika, gemahlen
½ TL Kreuzkümmel,
gemahlen
900 ml Gemüsebrühe
1 Limette
1 Chilischote, grün
60 g Feta

Nährwerte p. P.

236 kcal
29 g Kohlenhydrate
9 g Fett
7 g Eiweiß

1 Den Zuckermais abtropfen lassen und klar abspülen. Zwiebel würfeln. Kartoffel schälen und in ca. 1 cm große Würfel schneiden. Limette halbieren. Eine Hälfte auspressen und die andere in dünne Scheiben schneiden. Chilischote ebenfalls fein schneiden.

2 Die Hälfte des Öls in einem großen Topf bei mittlerer Hitze erhitzen. Den Zuckermais hineingeben und dabei möglichst in einer einzigen Schicht halten. Zwei Minuten lang ungestört dünsten, damit die Körner auf der Unterseite goldgelb werden. Umrühren, erneut ausbreiten und den Vorgang wiederholen, bis der Mais goldgelb und stellenweise verkohlt ist. Eine weitere Minute unter Rühren dünsten, dann in eine große Schüssel geben.

3 Das restliche Öl in die Pfanne geben und die Zwiebel und die Kartoffel 3 - 4 Minuten anbraten, bis sie leicht weich und blassgolden sind. Paprika und Kreuzkümmel hinzufügen und eine weitere Minute braten, dann die Brühe zugießen.

4 Drei Esslöffel Mais in eine kleine Schüssel geben, dann den Rest in die Pfanne geben. Bringen Sie alles zum Kochen und reduzieren Sie direkt die Hitze, sodass das Ganze nur noch köchelt. Zugedeckt 5 - 10 Minuten kochen lassen, bis die Kartoffel ganz weich ist.

5 Den Topf vom Herd nehmen und den Limettensaft hinzugeben. Mit einem Stabmixer pürieren, bis die Masse glatt und cremig ist. Nach Geschmack würzen. Die Suppe auf vier Schüsseln verteilen und mit dem reservierten Mais, der Chili, den Limettenscheiben, dem Feta und etwas Paprikapulver garnieren.

CHICAGO DEEP DISH PIZZA

8 Port.   7 Std.   Mittel

Zutaten

2 ¼ TL Trockenhefe
1 ½ TL Zucker
250 ml Wasser, warm
375 g Mehl (Type 405)
120 ml Maisöl
1 ½ Teelöffel koscheres
Salz
125 g Käse (nach Wahl)
2 - 4 Tomaten
1 Knoblauchzehe
1 Stängel Basilikum
Etwas Oregano
Tomatensoße (nach
Bedarf)
wahlweise zusätzlicher
Belag

Nährwerte p. P.

299 kcal
37 g Kohlenhydrate
14 g Fett
5 g Eiweiß

1 Hefe und Zucker im warmen Wasser in einer Schüssel auflösen. 5 - 10 Minuten stehen lassen, bis die Hefe aufweicht und beginnt, einen cremigen Schaum zu bilden. Hefemischung, Mehl, Maisöl und koscheres Salz mit Hilfe von Knethaken vermischen. Mit Knethaken oder per Hand für etwa zwei Minuten kneten, bis der Teig zusammenhält, aber noch leicht klebrig ist

2 Den Teig zu einer Kugel formen, in eine gebutterte Schüssel geben und mit einem Handtuch abdecken. Den Teig bei Raumtemperatur ca. sechs Stunden gehen lassen, bis er seine Größe verdoppelt hat.

3 Den Teig flachdrücken und 10 - 15 Minuten ruhen lassen. In der Zwischenzeit Tomaten (und wahlweise anderen Belag) in Scheiben schneiden, Basilikum vom Stängel entfernen und Tomatensoße nach Geschmack würzen. Den Teig in eine tiefe, 25 cm große Springform drücken, dabei große Ränder schaffen. Käse, Belag und Tomaten, die Sie mit Knoblauch, Basilikum, Oregano usw. gewürzt haben, hinzufügen. Bei 225 °C (Ober-/Unterhitze) ca. 30 Minuten lang backen.

Zubereitungstipp: Wenn Sie besonders knackige Krusten mögen, können Sie die den Teig 10 - 15 Minuten vorbacken.

DOMINIKANISCHE KARAMELLCREME-TÖRTCHEN

6 Port. 1 Std. 20 Min. Leicht

Zutaten

Für das Karamell:
70 g Zucker
1 EL Wasser

Für die Torte:
4 Eier (Größe M)
300 ml ungesüßte Kondensmilch
300 ml gesüßte Kondensmilch
1 TL Vanilleextrakt

Nährwerte p. P.

400 kcal
59 g Kohlenhydrate
13 g Fett
11 g Eiweiß

1 Zunächst das Karamell für die Torte herstellen. Dazu Zucker und Wasser mischen und in einem schweren Topf bei schwacher Hitze kochen, bis dickes, dunkles Karamell entsteht. Darauf achten, dass es nicht anbrennt. Das Karamell vorsichtig in eine Gugelhupfform gießen und auf der ganzen Fläche verteilen. Auf Zimmertemperatur abkühlen lassen, bis dahin sollte das Karamell ausgehärtet sein.

2 Ofen auf 160 °C (Ober-/Unterhitze) vorheizen. Trennen Sie das Eiweiß vom Eigelb. Für das Rezept benötigen Sie nur das Eigelb, daher können Sie das Eiweiß für jegliche andere Verarbeitung beiseitelegen. Eigelb, Kondensmilch und Vanille gut miteinander verrühren. Durch ein Sieb streichen, um die nicht aufgelösten Eiteile zu entfernen. Vorsichtig in die Backform gießen, dabei darauf achten, dass die Karamellschicht nicht zerstört wird.

3 Form in eine mit warmem Wasser gefüllte Pfanne stellen und beides in den Ofen geben. Etwa eine Stunde lang backen oder bis am Zahnstocher kein Teig mehr klebt. Aus dem Ofen und dem Wasserbad nehmen und auf Zimmertemperatur abkühlen lassen. Im Kühlschrank etwas kühlen, danach mit einem Zahnstocher die Ränder des Kuchens auflockern. Eine Servierplatte auf die Form legen und umdrehen. Noch gekühlt servieren.

FRITTIERTE BANANEN-CHIPS AUS HAITI

4 Port. 25 Min. Leicht

Zutaten

3 Kochbananen
500 ml Frittieröl
eine Prise Salz u. Pfeffer

Nährwerte p. P.

258 kcal
43 g Kohlenhydrate
11 g Fett
2 g Eiweiß

1 Schälen Sie zunächst die Kochbananen. Jede Banane 2- oder 3-mal der Länge nach einritzen. Wenn Sie sie unter fließendem Wasser schälen, löst sich die zähe Haut der Bananen leichter.

2 In eine große Pfanne sehr viel Frittieröl geben. Das Öl auf mittlerer Stufe erhitzen. Alle Kochbananen auf ein Küchentuch legen und trockentupfen, dann in ca. 2 – 3 cm große Stücke schneiden. Um das Öl zu testen, ein hölzernes Stäbchen oder das Ende eines Holzlöffels in das Öl halten; wenn sich schnell kleine Bläschen bilden, ist das Öl fertig. Legen Sie die Bananenstücke vorsichtig in das Öl und frittieren Sie sie etwa drei Minuten auf jeder Seite oder bis sie leicht goldbraun sind. Stechen Sie mit einem Zahnstocher in eine der Bananen. Wenn der Zahnstocher ohne Widerstand durchgeht, können Sie sie aus dem Öl nehmen.

3 Schneidebrett und einen flachen Teller bereithalten. Mit Hilfe des Tellers werden die Stücke nun gedrückt. Die Stücke auf ein Schneidebrett legen, das Öl nicht entfernen, denn das hilft beim Zerdrücken, damit sie nicht auf dem Teller kleben bleiben. Legen Sie ein Stück Banane auf das Brett und legen Sie den Teller darauf, um die Banane mit Ihrem Gewicht zusammenzudrücken. Wiederholen Sie den Vorgang, bis Sie fertig sind. Jede Banane zurück ins Öl geben und goldbraun frittieren, aus dem Öl nehmen und auf Papiertücher legen, mit Salz und Pfeffer bestreuen und genießen!

Zubereitungstipp: Statt Kochbananen können auch reguläre Bananen benutzt werden.

ORIGINAL GUACAMOLE AUS MEXICO

2 – 4
Port.

5 Min.

Leicht

1 Zwiebel und Knoblauch schälen, beides fein würfeln. Tomate in Würfel schneiden, die Limette auspressen.

2 Avocados schälen und in einer mittelgroßen Schüssel pürieren. Zwiebel, Knoblauch, Tomate, Limettensaft, Salz und Pfeffer unterrühren. Eine halbe Stunde kühlstellen, damit sich die Aromen vermischen.

Zutaten

2 Avocados
1 kleine Zwiebel
1 Knoblauchzehe
1 reife Tomate
1 Limette
Salz, Pfeffer (zum Abschmecken)

Nährwerte p. P.

45 kcal
3 g Kohlenhydrate
3 g Fett
0 g Eiweiß

LOS TRES GOLPES – FRÜHSTÜCK AUS DER DOMINIKANISCHEN REPUBLIK

6 Port.   35 Min.   Leicht

Zutaten

Für die Kochbananen:
4 Kochbananen, grün, unreif
1 ½ TL Salz
4 TL Olivenöl oder Butter
240 ml Wasser, Raumtemperatur

Rote Zwiebeln mit Essig:
4 EL Olivenöl
2 Zwiebeln, rot
2 EL Apfelessig
1 TL Salz (oder mehr, je nach Geschmack)

Eier:
12 Eier (Größe M)
240 ml pflanzliches Öl

Außerdem:
500 g Queso de Freir (oder reiner Halloumi)
500 g geschnittene Salami nach dominikanischer Art (alternativ andere Salami auf Schweinsbasis)

Nährwerte p. P.

978 kcal
33 g Kohlenhydrate
62 g Fett
32 g Eiweiß

1 Das dominikanische Frühstück besteht aus Mangú, das sind pürierte Kochbananen, gebratenen Zwiebeln, Eiern, Käse und Salami. Zunächst die Kochbananen schälen und der Länge nach durchschneiden, dann jede Hälfte in zwei Hälften teilen. Sie können die Mitte, in der sich die Kerne befinden, entfernen.

2 Einen Topf mit so viel Wasser aufsetzen, dass die Kochbananen darin bedeckt sind. Salz hinzufügen und kochen, bis sie sehr weich sind. Die Kochbananen aus dem Wasser nehmen und sofort mit einer Gabel zerdrücken, bis sie sehr glatt sind und nur noch wenige oder gar keine Klumpen mehr haben. Die Butter einrühren und nach und nach das Wasser hinzufügen und weiter pürieren, bis ein sehr glattes Püree entsteht.

3 Die Zwiebeln zubereiten. Dazu Zwiebeln schälen und in Scheiben schneiden. Einen Esslöffel Olivenöl in einer Pfanne bei schwacher Hitze erhitzen. Die Zwiebeln hinzufügen und unter Rühren dünsten, bis sie glasig werden. Mit Essig aufgießen und mit Salz abschmecken. Mangú mit den Zwiebeln garnieren. Den Käse in etwa zwölf Scheiben schneiden. Mit einem Papiertuch trockentupfen, um Spritzer zu vermeiden.

4 Das Öl in einer mittelgroßen Pfanne bei mittlerer Hitze (etwa 175 °C) erhitzen und den Käse auf einer Seite goldbraun braten. Wenden und wiederholen. Nicht zu viele Scheiben auf einmal hinzufügen, da das Öl sehr heiß bleiben muss, damit der Käse nicht zu lange im Öl bleibt. Öl bei mittlerer Hitze in derselben Pfanne erhitzen. Die Eier nacheinander braten.

5 Die Salami anschließend braten und zwischendurch wenden, bis sie auf beiden Seiten gebräunt ist. Aus dem Öl nehmen und auf einem Papiertuch ruhen lassen, um überschüssiges Öl aufzusaugen.

Zubereitungstipp: Für eine vegetarische Variante kann die Salami gut mit roten Bohnen ersetzt werden.

GEKOCHTER FISCH VON DEN BAHAMAS

6 Port.   30 Min.   Mittel

Zutaten

1 kg Fischfilet, z. B.
Barsch
500 g Kartoffeln
1 Zwiebel
60 g Speck oder gesalzenes Schweinefleisch
6 Limetten
1 TL scharfer Pfeffer,
z. B. Scotch Bonnet
7 - 8 Zweige frischer
Thymian
1 Paprika
Wasser
Salz, Pfeffer (nach
Geschmack)
1 - 2 TL Chilisoße

Nährwerte p. P.

388 kcal
31 g Kohlenhydrate
10 g Fett
46 g Eiweiß

1 Limetten auspressen. Thymian fein hacken. Das Fischfilet in große Stücke schneiden und mit dem Saft von zwei Limetten und zwei Teelöffeln scharfer Soße marinieren, je nach gewünschter Schärfe. Paprika fein hacken. Speck in etwa 5 cm große Streifen schneiden und in einem großen Topf braten, bis er gebräunt, aber nicht knusprig ist. Anschließend herausnehmen.

2 Zwiebel und Kartoffeln schälen, Zwiebel in Ringe und Kartoffeln in Scheiben schneiden. Im gleichen Topf Fisch, Kartoffeln, Thymian, gehackte Paprika, Zwiebeln und Speck schichten. Salz und Pfeffer hinzufügen.

3 Topf mit Wasser auffüllen, bis die Kartoffeln vollständig bedeckt sind. Saft von drei weiteren Limetten hinzugeben. Auf höchster Stufe zum Kochen bringen, dann die Hitze reduzieren und zugedeckt 15 – 20 Minuten köcheln lassen. Die Kartoffeln sollten gar, aber nicht zu weich sein.

Serviertipp: Mit frischem Limettensaft beträufeln und mit Limettenscheiben garnieren.

GREEN CHICKEN STEW AUS GUATEMALA

 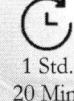

6 – 8
Port.

1 Std.
20 Min.

Mittel

Zutaten

100 g geröstete Kürbis-
kerne
4 EL geröstete Sesam-
körner
2,2 kg Hähnchenbrust
1 ½ kg frische Tomatillos
(südamerikanisches Nacht-
schattengewächs)
1 Bund Koriander
3 EL Olivenöl
4 Knoblauchzehen
3 Jalapeños
2 grüne Paprikaschoten
1 Zwiebel, mittelgroß
Salz, frisch gemahlener
Pfeffer (nach Geschmack)

Beilagen:

6 - 8 Maistortillas
1 Bund Frühlingszwiebeln
1 Avocado
2 Limetten

Nährwerte p. P.

485 kcal
11 g Kohlenhydrate
19 g Fett
65 g Eiweiß

1 Eine Pfanne trocken erhitzen. Kürbis-
kerne hineingeben und für etwa 5 - 7 Minuten rösten. Beiseitelegen und Sesamkörner in die Pfanne geben. Unter ständigem
Schwenken für zwei Minuten rösten, dann
ebenfalls vom Herd nehmen.

2 Tomatillos schälen. Koriander waschen,
trockenschütteln und grob hacken. Knoblauchzehen schälen und fein hacken. Jalapeños und grüne Paprikaschoten entkernen und grob hacken. Zwiebel schälen und
fein schneiden.

3 Geben Sie die gerösteten Kürbis- und Se-
samkerne in einen Mixer und mahlen Sie
sie fein. Kratzen Sie sie in eine kleine
Schüssel und stellen Sie sie beiseite. Den
Mixer brauchen Sie nicht zu waschen – Sie
werden ihn wieder verwenden.

4 Hähnchenbrust und frische Tomatillos
in einen großen Topf mit zwei Teelöffeln
Salz und so viel Wasser geben, dass sie gerade bedeckt sind. Kurz aufkochen, dann
auf ein sanftes Köcheln reduzieren und
30 Minuten köcheln lassen.

5 Das Hähnchen auf einen Teller legen
und die Tomatillos in den Mixer geben. Die
Brühe durch ein Sieb über einer großen
Schüssel abgießen (für den Eintopf werden
vier Tassen Brühe benötigt) und den Topf
auswischen.

6 Koriander zusammen mit 240 ml der abgeseihten Hühnerbrühe in den Mixer geben. 10 - 15 Sekunden lang pürieren. Die Mischung in den Topf gießen. Drei Esslöffel Öl in einer hohen Pfanne oder Wok erhitzen und Knoblauch, Jalapeño, grüne Paprika und Zwiebel bei mittlerer Hitze 10 - 12 Minuten unter häufigem Rühren braten. Alles von der Pfanne in den Mixer geben und 240 ml Brühe hinzufügen. 10 - 15 Sekunden lang pürieren.

7 Die Mischung in den Topf mit den Tomatillos und dem Koriander geben. Die gemahlenen Samen in den Topf geben und 500 ml der abgeseihten Brühe hinzugeben. Den Inhalt des Topfes auf höchster Stufe zum Kochen bringen. Danach auf niedrigste Stufe reduzieren und zehn Minuten lang zugedeckt köcheln, damit die Soße eindickt. In der Zwischenzeit das Hähnchen zerkleinern.

8 Das zerkleinerte Hähnchen in den Topf geben und mit Salz und frischem Pfeffer abschmecken. Weitere 5 - 10 Minuten sanft köcheln lassen, bis das Fleisch gar ist. Unterdessen Frühlingszwiebeln hacken und das Fruchtfleisch der Avocado würfeln. Limetten in Spalten schneiden.

9 Servieren Sie den Eintopf in tiefen Schüsseln mit Maistortillas. Mit gewürfelter Avocado, grünen Zwiebeln und Limettensaft beträufeln.

Serviertipp: Als Beilage empfiehlt sich Reis und ein einfacher grüner Salat mit Zitrusdressing.

PUPUSA –
MAIS-APPETIZER AUS EL SALVADOR

12 Port.   25 Min.   Leicht

Zutaten

375 g Maismehl (Masa Harina)
2 TL koscheres Salz
500 ml Wasser
125 g Mozzarella-Käse, gerieben
Pflanzenöl (zum Braten)

Nährwerte p. P.

132 kcal
22 g Kohlenhydrate
3 g Fett
5 g Eiweiß

1 In einer Rührschüssel Salz und Maismehl verquirlen. Dann mit einem Rührlöffel das Wasser einrühren. Wenn der Teig zu hart wird, beginnen Sie, ihn mit den Händen zu kneten, bis alles gut vermischt ist.

2 Formen Sie den Teig zu Kugeln mit einem Durchmesser von etwa 5 cm. Mit der Handfläche die Kugeln zu einer Scheibe formen. Wenn sie flach sind, etwa ein Esslöffel geriebenen Käse in die Mitte legen, dann den Teig wieder zu einer Kugel formen. Zum Schluss den Teig wieder zu einer Scheibe formen, wenn der Käse drin ist.

3 Eine gusseiserne Pfanne auf mittlerer Stufe erhitzen und heiß werden lassen. Das Öl zugeben. Die Pupusa in die Pfanne geben und ca. 5 - 10 Minuten auf einer Seite grillen, bis die Außenseite knusprig ist und man ein paar kleine Grillspuren sieht. Drehen Sie die Pupusa um und grillen Sie sie erneut auf der anderen Seite. Guten Appetit!

JAMAIKANISCHE HOT PEPPER SHRIMPS

4 Port.   1 Std.   Mittel
          15 Min.

Zutaten

500 g rohe Garnelen mit
Schale
3 Chilis (rot, z. B. Scotch
Bonnets)
½ EL Zwiebelpulver
½ EL Knoblauchgranulat
oder -pulver
1 - 2 TL rosa Himalaya-
Salz
½ TL schwarzer Pfeffer
1 EL süßes Paprikapulver
3 Knoblauchzehen
¼ Teelöffel Piment
½ Esslöffel Thymian
(optional)
1 frische Limette zum
Reinigen der Garnelen
60 ml warmes Wasser
1 - 2 EL Kokosöl

1 Chilischoten fein hacken. Knoblauchzehen schälen und kleinschneiden. Den Saft der Limette auspressen und über die Garnelen reiben. Die Garnelen dann mit Wasser abspülen. Mit einem Zahnstocher den Darmtrakt aus dem Schwanzende der Garnele herausziehen und entsorgen. Entfernen Sie auch die Fühler und Beine (optional). Die Garnelen mit Zwiebelpulver, Knoblauchgranulat, Pfeffer, Paprikapulver, Piment und Thymian einreiben. Chilischoten und Knoblauchzehen dazugeben und ebenfalls gut einreiben. Eine Stunde ziehen lassen.

2 Einen Topf auf mittlerer Stufe erwärmen und 1 - 2 Esslöffel Kokosöl dazugeben. Die Garnelen in den Topf geben und zwei Minuten lang rühren. Geben Sie das Wasser und das Salz hinzu und decken Sie den Topf mit einem Deckel zu. Alles für etwa zehn Minuten auf niedrigster Stufe dünsten lassen. Die Shrimps sollten rosa und verzehrfertig sein. Beim Abkühlen der Shrimps dickt die Soße ein.

Nährwerte p. P.

138 kcal
6 g Kohlenhydrate
2 g Fett
24 g Eiweiß

Serviertipp: Servieren Sie die Shrimps sofort, damit sich ihre Konsistenz nicht durch das Wiederaufwärmen verändert.

Südamerika

ARGENTINISCHE EMPANADAS MIT CHIMICHURRI-SOßE

20 Port.   1 Std.   Mittel
            50 Min.

Zutaten

Für den Empanada-Teig:
400 g Weizenmehl
1 TL Salz
1 TL Zucker
150 g Butter
1 Ei
120 ml Milch
Für die Füllung:
1 kg Rinderhackfleisch
1 Zwiebel
1 Paprika, rot
3 Blätter Basilikum
½ TL getrockneter Oregano
½ TL gemahlener Kreuzkümmel
Salz, Pfeffer (zum Abschmecken)
2 EL Essig
2 EL Pflanzenöl
4 Eier
10 schwarze Oliven
50 g Rosinen
Öl zum Frittieren
Für die Chimichurri-Soße:
1 Zwiebel
1 Bund Frühlingszwiebeln
3 Knoblauchzehen
1 Bund Petersilie
1 TL Chilipulver
120 ml Weinessig
1 Zitrone
120 ml Olivenöl
½ Teelöffel Oregano
Salz, Pfeffer (zum Abschmecken)

Nährwerte p. P.

339 kcal
19 g Kohlenhydrate
24 g Fett
12 g Eiweiß

1 Zunächst den Empanada-Teig herstellen. Dafür Butter in einem Topf auf dem Herd oder im Wasserbad schmelzen. Milch auf niedriger Stufe etwas erwärmen. Mehl, Salz und Zucker in einer großen Schüssel gut vermischen. Dann eine Vertiefung in der Mitte der Mehlmische machen und die geschmolzene Butter, das Ei und die warme Milch nach und nach hineingeben. Alles mit den Händen vermischen, auf eine leicht bemehlte Arbeitsfläche geben und einige Minuten lang kneten, bis der Teig glatt ist. Lassen Sie ihn mit einem sauberen Tuch abgedeckt an einem warmen Ort etwa 30 Minuten ruhen. Nach 30 Minuten den Teig erneut durchkneten und mit einem Messer in mehrere Stücke schneiden, um insgesamt zwanzig gleich große Teigkugeln zu formen. Anschließend auf ein Tablett legen, mit einem sauberen Tuch abdecken und beiseitestellen.

2 Als Nächstes die Empanada-Füllung zubereiten. Drei Eier hartkochen, das vierte Ei verquirlen. Unterdessen die Zwiebel schälen und würfeln. Paprika fein hacken. Die Oliven abgießen, putzen und halbieren. Die gekochten Eier kalt abschrecken, pellen und würfeln. Nehmen Sie eine große antihaftbeschichtete Pfanne und erhitzen Sie das Öl bei mittlerer Hitze für etwa zwei Minuten. Das Fleisch hinzugeben und etwa drei Minuten braten lassen. Mit Salz und Pfeffer würzen. Ständig umrühren und noch ein paar Minuten weiterbraten lassen.

3 Nehmen Sie einen Mixer oder eine Küchenmaschine. Zwiebel, Paprika, Basilikum, Oregano, Kreuzkümmel, Salz, Pfeffer, Essig und zwei Esslöffel Öl hinzugeben. Mixen Sie, bis Sie eine dicke Mischung erhalten. Diese Mischung zum Fleisch geben und etwa 30 Minuten bei schwacher Hitze kochen lassen. Bei Bedarf nachwürzen, vom Herd nehmen und beiseitestellen.

4 Nun die Chimichurri-Soße erstellen, indem als Erstes die Zwiebel geschält und gewürfelt wird. Frühlingszwiebeln und Petersilie grob hacken und den Knoblauch fein reiben. Die Zitrone auspressen. Zwiebel, Frühlingszwiebeln, Knoblauch, Petersilie, Chilipulver, Essig, Zitronensaft, Öl, Oregano, Salz und Pfeffer in eine Schüssel geben. Alle Zutaten mit einem Löffel verrühren und die Soße für etwa 20 Minuten in den Kühlschrank stellen, damit sich die Aromen intensivieren.

5 Setzen Sie die Empanada zusammen, indem Sie auf einer leicht bemehlten Arbeitsfläche die Teigkugeln einzeln ausrollen und mit einem Nudelholz zu einem dünnen, runden Teigkreis formen. In die Mitte des Teigkreises die Empanada-Füllung geben: einen Löffel Fleisch, ein Stück Ei, die Hälfte der Oliven und zwei Rosinen. Falten Sie die Teigscheibe mit der Füllung in der Hälfte. Die Ränder mit einer Gabel eindrücken oder mit den Fingern drehen und einrollen. Wenn Sie die Ränder nicht gut schließen können, können Sie die Innenseiten mit Wasser oder Eiweiß bestreichen.

6 Stechen Sie mit einer Gabel in drei verschiedene Stellen des Teiges ein. Sie können die Empanadas für 20 Minuten in den Kühlschrank stellen, so entfaltet sich das Aroma noch besser.

7 Den Ofen auf 200 °C (Ober-/Unterhitze) vorheizen. Die Empanadas mit dem verquirlten Ei bestreichen und 20 Minuten lang backen, bis sie goldbraun sind. Heiß mit Chimichurri-Soße servieren.

Zubereitungstipp: Sie können das Rinderhackfleisch auch durch Hühner- oder Putenhackfleisch, Schweinefleisch oder eine Kombination aus Rinder- und Schweinefleisch ersetzen.

FEIJOADA –
BRASILIANISCHER SCHWEINE-UND BOHNENEINTOPF

8 Port.

1 Tag

Schwer

Zutaten

500 g Dörrfleisch
3 große geräucherte
Calabresa-Würste
(Schweine- und Rinds-
wurst aus Brasilien)
2 Paio-Würstchen
(Schweinewurst aus Bra-
silien)
1 kg getrocknete
schwarze Bohnen
3 getrocknete Lorbeer-
blätter
½ große Orange
1 EL pflanzliches Öl
6 Scheiben Speck
1 große Zwiebel
12 Knoblauchzehen
Salz, frisch gemahlener
Pfeffer (nach Ge-
schmack)

Nährwerte p. P.

508 kcal
65 g Kohlenhydrate
16 g Fett
28 g Eiweiß

1 Am Tag vor der Zubereitung der Feijoada das überschüssige Fett von allen
Fleischsorten (außer dem Speck) abschneiden und in eine große Schüssel geben. Mit
kaltem Wasser bedecken und 24 Stunden
lang in den Kühlschrank stellen, wobei das
Wasser 3-4-mal gewechselt werden muss,
um das überschüssige Salz zu entfernen.

2 Die schwarzen Bohnen in eine separate
Schüssel geben und mit kaltem Wasser bedecken. Die Bohnen über Nacht im Kühlschrank quellen lassen. Das Fleisch und die
Bohnen abgießen. Das eingeweichte Fleisch
in einen großen holländischen Ofen oder
einen Topf mit schwerem Boden geben und
mit so viel Wasser bedecken, dass es vollständig bedeckt ist. Bei mittlerer bis hoher
Hitze zum Kochen bringen. 20 Minuten kochen lassen und bei Bedarf mehr Wasser
hinzufügen. Unterdessen den Knoblauch
schälen und fein hacken. Zwiebel und
Speck würfeln.

3 Nach der Kochzeit Fleisch und Bohnen
abschöpfen und das Wasser auffangen. Das
gekochte Dörrfleisch, die Bohnen, die Lorbeerblätter und die Orange in denselben
Topf geben. 2,5 Liter kaltes Wasser aufgießen und bei mittlerer bis hoher Hitze zum
Kochen bringen. Die Hitze auf ein leichtes
Köcheln reduzieren, abdecken und 30 Minuten kochen lassen.

4 Nach 30 Minuten die Würstchen hinzugeben, zudecken und weiter köcheln lassen, dabei gelegentlich das aufsteigende Fett abschöpfen, bis das Fleisch weich ist, etwa 1,5 - 2 Stunden. Die Orange und die Lorbeerblätter entfernen und wegwerfen. Das Fleisch und die Wurst herausnehmen, in kleinere Stücke schneiden und beiseitestellen.

5 Das Öl in einer hohen Pfanne oder Topf bei mittlerer Hitze erhitzen. Den Speck hinzufügen und etwa fünf Minuten braten, bis er nicht mehr roh, aber noch nicht goldbraun ist. Zwiebel und Knoblauch hinzufügen und anbraten, bis sie weich sind und duften. Einen Schöpflöffel der gekochten Bohnen ohne Flüssigkeit dazugeben und umrühren. Die Bohnen mit einer Gabel zerdrücken, um ihre Stärke zu lösen.

6 Diese Mischung in den Topf geben und bei mittlerer Hitze 10 - 15 Minuten oder bis zur Verdickung kochen. Wenn die Masse zu dick ist, nach Bedarf mehr Wasser hinzufügen. Abschmecken und mit Salz und Pfeffer würzen. Zum Schluss das Fleisch zurück in den Topf geben.

Serviertipp: Klassischerweise wird Feijoada mit weißem Reis, Grünkohl, gebratenen Bananen und Orangenscheiben serviert, kann aber auch alleine genossen werden.

AGUACATE RELLENO CON CAMARONES – GEFÜLLTE AVOCADO AUS ECUADOR

8 – 10 Port. 30 Min. Leicht

Zutaten

4 - 5 Avocados
500 g Garnelen, gekocht
½ Zwiebel, rot
2 Radieschen
½ Paprikaschote, rot
2 Stangen Staudensellerie
2 Eier
5 EL Koriander-Aioli
oder normale Mayon-
naise mit gehacktem
Koriander
1 Limette
Salz, Pfeffer (zum
Abschmecken)

Nährwerte p. P.

252 kcal
7 g Kohlenhydrate
24 g Fett
17 g Eiweiß

1 Einen Topf mit Wasser aufsetzen und die Eier darin hartkochen. Unterdessen die Zwiebel schälen und würfeln. Radieschen, Paprikaschote und Sellerie ebenfalls würfeln. Sobald die Eier fertig sind, abgießen, kalt abschrecken und etwas auskühlen lassen. Die Limette pressen. Pellen und würfeln Sie die abgekühlten Eier.

2 Die gekochten Garnelen halbieren, einige zum Garnieren aufbewahren, falls gewünscht. Gewürfelte Zwiebeln, Radieschen, Paprika, Sellerie, Eier, Garnelen, die Hälfte des Limettensaftes und Aioli in einer Schüssel gut vermischen. Abschmecken und bei Bedarf salzen und pfeffern.

3 Avocados halbieren, entkernen und vorsichtig schälen. Den restlichen Limettensaft über die Avocados träufeln, damit sie nicht zu schnell dunkel werden. Mit einem Löffel die Avocados mit der Krabbensalatfüllung füllen.

4 Nach Belieben garnieren und sofort servieren.

TACU TACU –
BOHNEN-REIS AUS PERU

4 Port. 3 Std. 45 Min. Mittel

Zutaten

500 g Marinebohnen (weiße Bohnen, aus der Dose)
250 g Reis
½ Zwiebel, rot
1 Tomate
1 TL Petersilie
1 TL getrockneter Oregano
1 ½ EL Knoblauchpaste
2 TL Ají-Soße (südamerikanische Würzsoße)
4 Eier
4 Kochbananen
240 ml Olivenöl
Salz, Pfeffer (nach Geschmack)

Für das Sarsa Criolla-Relish:

1 Zwiebel
1 kleine Limo-Chilischote
Petersilie
1 EL Olivenöl
1 TL Limettensaft
Salz, Pfeffer (zum Abschmecken)

Nährwerte p. P.

1250 kcal
146 g Kohlenhydrate
47 g Fett
67 g Eiweiß

1 Sollten Sie rohe Bohnen verwenden, diese über Nacht einweichen und einen Esslöffel Salz hinzufügen. Am Tag darauf das Wasser wechseln und die Bohnen weichkochen. (Die Kochzeit hängt von der Art der Bohnen und dem verwendeten Kochtopf ab, in der Regel 1 – 2 Stunden.) Die eingeweichten Bohnen zum Abkühlen beiseitestellen. Bei Bohnen aus der Dose diese sieben und klar abspülen.

2 Für das Tacu Tacu die Zwiebel, die Tomate und die Petersilie fein hacken. Zwei Esslöffel Olivenöl in einer Pfanne bei mittlerer Hitze erhitzen, Zwiebeln und Knoblauch hinzufügen. Die Zutaten zwei Minuten lang anbraten. Den Oregano hinzufügen. Die Tomate und die Ají-Soße hinzufügen und weitere drei Minuten anbraten oder bis sie gar sind.

3 Den Herd ausschalten, die gekochten Bohnen hinzufügen, leicht zerdrücken und gut vermischen. Den Reis hinzugeben und gut vermischen. Die Mischung mindestens 15 Minuten ruhen lassen, damit die Zutaten gut in den Reis einziehen können. (Dies ist sehr wichtig, um die richtige Konsistenz zu erreichen!)

4 Die Mischung beiseitestellen und für jede einzelne Portion einen Teil der Mischung in eine heiße Pfanne mit ½ Esslöffel Olivenöl geben und leicht anbraten. Achten Sie darauf, dass die Mischung eine kompakte Textur erhält.

5 Bereiten Sie die Sarsa Criolla zu, indem Sie die Zwiebel in Scheiben schneiden und die Limo-Chilischote und Petersilie fein hacken. Mit Olivenöl, Limettensaft und Salz vermischen. Kochbananen von beiden Seiten anbraten, bis sie durch sind. In derselben Pfanne etwas Öl erhitzen und die Eier zu Spiegeleiern braten. Alles gemeinsam servieren.

TEQUEÑOS –
CHEESESTICKS AUS VENEZUELA

14 Port.

1 Std.
15 Min.

Leicht

Zutaten

300 g Mehl
1 TL Salz
6 Esslöffel kalte Butter
1 großes Ei
6 EL kaltes Wasser, plus mehr nach Bedarf
325 g Grillkäse, in Scheiben
Erdnussöl (zum Frittieren)

Nährwerte p. P.

243 kcal
16 g Kohlenhydrate
16 g Fett
8 g Eiweiß

1 Mehl und Salz in die Arbeitsschüssel geben. Butter hinzufügen und alles kurz verrühren. Ei und Wasser hinzugeben. Den Teig rühren, bis sich eine Kugel formt. Mit den Händen zu einer festen Kugel formen, dann etwas flachdrücken, sodass eine Scheibe entsteht. In Frischhaltefolie wickeln und 30 Minuten lang im Kühlschrank ruhen lassen.

2 Den Teig auswickeln und auf eine leicht bemehlte Fläche legen. Zu einem flachen Quadrat ausrollen. Die Ränder abschneiden und den Teig in etwa 2 cm breite Streifen schneiden.

3 Einen Teigstreifen nehmen und das Ende über eine Käsescheibe drapieren. Die gesamte Käsescheibe diagonal in den Teig einwickeln, wobei sich der Teig überlappt. Die untere Seite der Käsescheibe mit dem Teig bedecken und die Ränder zusammendrücken, um sie vollständig zu verschließen. Den Vorgang mit den restlichen Käsescheiben wiederholen.

4 Eine gusseiserne Pfanne mit Öl füllen. Das Öl auf ca. 200 °C auf höchster Stufe erhitzen. Die Tequeños in das Öl legen und 3 - 5 Minuten braten, bis die Kruste goldbraun und blasig ist. Nach der Hälfte der Zeit wenden.

5 Die Tequeños auf einen mit Papiertüchern ausgelegten Teller geben, 1 - 2 Minuten abkühlen lassen und sofort servieren.

EMPANADAS SALTEÑAS AUS BOLIVIEN

20 Port. 7,5 Std. Schwer

Zutaten
Für die Füllung:
½ Hähnchenbrust, ohne Haut
und ohne Knochen (333 g)
2 l Wasser
2 TL Pflanzenöl
½ Zwiebel
1 Knoblauchzehe
½ Paprikaschote
1 Stängel Petersilie
2 Habaneros, gehackt (Sie können diese Chilischote weglassen,
gemahlene Chilischote verwenden oder was immer Sie zur
Hand haben.)
100 g grüne Erbsen (Dose)
100 g Rosinen
1 Kartoffel
1 - ½ EL Zucker
1 TL Salz
½ TL schwarzer Pfeffer
¼ TL Kreuzkümmel, gemahlen
1 EL getrockneter Oregano
1 Lorbeerblatt
1 - ½ EL Gelatine, neutral
20 grüne Oliven
2 Eier
Für den Teig:
500 g Mehl
170 g Zucker
1 TL Salz
1 EL Achiote (südamerikanisches
Gewürz)
1 Ei
113 g Schmalz oder Butter
170 g Wasser
Nährwerte p. P.
216 kcal
33 g Kohlenhydrate
62 g Fett
32 g Eiweiß

1 Hähnchenbrust und Wasser in einen Topf geben und kochen, bis das Fleisch gar ist. Unterdessen Zwiebel und Knoblauchzehe schälen und fein
hacken. Paprikaschote putzen und ebenfalls hacken. Kartoffel schälen und würfeln. Petersilie und
Chilischoten hacken.

2 In einem kleinen Topf die Eier hartkochen.
Kalt abschrecken und etwas auskühlen lassen.
Dann pellen und in kleine Würfel schneiden.

3 Das Hähnchen herausnehmen und auf einem
Teller abkühlen lassen, dann zerkleinern. Die
Brühe abseihen und drei Tassen für später aufhe-
ben. Den Topf säubern und die Zwiebel, die Paprika, den Knoblauch, die Petersilie und die Chili
(falls vorhanden) etwa 3 - 4 Minuten lang anbraten. Das zerkleinerte Fleisch, die Brühe (drei Tassen), Erbsen, Rosinen, Kartoffel, Zucker, Salz, Pfeffer, Kreuzkümmel, Oregano und das Lorbeerblatt
hinzufügen. Sobald es zu kochen beginnt, die
Hitze reduzieren und fünf Minuten köcheln lassen.

4 Währenddessen in einer kleinen Schüssel die
Gelatine mit drei Esslöffeln Wasser bei Zimmertemperatur verrühren und ein paar Minuten ziehen lassen. Die fertig geköchelte Mischung abschmecken. Das Lorbeerblatt entfernen und die
Gelatine hinzufügen. Gut umrühren, noch eine
Minute kochen lassen und den Herd ausschalten.

5 Das Ganze im Topf etwas abkühlen lassen und
dann in einen luftdichten Behälter umfüllen. Die
Eier hinzufügen, verrühren und mindestens vier
Stunden oder über Nacht kühlstellen.

6 Für den Teig das Eigelb vom Eiweiß trennen.
Das Eiweiß beiseitestellen. In einer großen Schüssel Mehl, Zucker, Salz, Achiote, Eigelb und
Schmalz vermischen. Das Wasser hinzufügen und
so lange rühren, bis sich alles verbunden hat. Auf
einer bemehlten Fläche zehn Minuten lang kneten, bis der Teig glatt ist. Lassen Sie den Teig
20 Minuten lang ruhen. Decken Sie ihn mit einem
feuchten Tuch ab.

7 Nach der Ruhezeit den Teig in 20 gleiche Portionen teilen. Jeweils eine Teigportion mit kreisenden Bewegungen zwischen der Handfläche und einer flachen Oberfläche zu einer gleichmäßigen Kugel formen. Den Teig auf einen Teller oder auf Backpapier legen (die Farbe kann den Behälter einfärben) und 20 Minuten lang mit einem feuchten Tuch abdecken.

8 Rollen Sie die einzelnen Kugeln auf einer bemehlten Fläche portionsweise aus. Sie sollten einen Durchmesser von etwa zwölf Zentimetern haben und ¼ Zentimeter dick sein. Die Empanada-Scheiben in einen luftdichten Beutel oder Behälter geben und 2 - 3 Stunden im Kühlschrank aufbewahren.

9 Nun werden die Empanadas gefüllt. Jeweils nur fünf Empanada-Scheiben und ein wenig Füllung entnehmen. Versuchen Sie, den Rest im Kühlschrank aufzubewahren. Wenn die Empanada-Scheibe viel Mehl an den Rändern hat, befeuchten Sie Ihre Fingerspitzen und fahren Sie mit ein wenig Wasser darüber. Legen Sie eine Empanada-Scheibe in eine Hand oder einen Teller, geben Sie eineinhalb Esslöffel der Füllung und eine Olive darauf. Führen Sie die Ränder in der Mitte zusammen und drücken Sie sie mit den Fingern zusammen. Drücken Sie die Ränder weiter zusammen, aber lassen Sie an einem Ende einen Spalt von einem Zentimeter.

10 Mit beiden Händen die Salteña zusammendrücken, damit die Luft entweicht. Drücken Sie auf die Spitze, die noch offen war, um sie zu schließen. Drücken Sie mit Zeigefinger und Daumen erneut auf den gesamten Rand. Zum Verschließen drücken Sie mit Daumen und Zeigefinger, falten die Ecke über den Rand zu einem Dreieck und drücken dann erneut. Fahren Sie fort, bis die gesamte Salteña versiegelt ist. Falten Sie die Spitze unter die Salteña.

11 Heizen Sie den Ofen auf 245 °C vor. Legen Sie die Salteñas auf ein gefettetes Backblech. Lassen Sie zwischen jeder Salteña einen Abstand von fünf Zentimetern. Jede Salteña mit einer Mischung aus einem Eiweiß und zwei Esslöffeln Wasser bepinseln. Für 20 - 40 Minuten backen.

Serviertipp: Heiß mit einem Erdbeer-, Bananen- oder Pfirsich-Batido (Milch, Obst und Zucker) servieren.

PAN DE PASCUA –
CHILENISCHES WEIHNACHTSBROT

10 Port.   1 Std.   Mittel
             45 Min.

Zutaten

220 g ungesalzene Butter
75 g hellbrauner Zucker
100 g Kristallzucker
4 Eier (Größe L)
375 g Mehl (Type 405)
1 TL Natron
1 EL Zimt
½ TL gemahlene Nelken
½ TL Muskatnuss
¾ TL Salz
3 TL Backpulver
1 Päckchen Orangenschale
1 Päckchen Zitronenschale
1 EL stark gebrühter Kaffee
120 ml Brandy, Pisco oder Rum
120 ml Kondensmilch
2 EL Likör mit Anisgeschmack
1 EL Essig
115 g Nüsse, gehackt
75 g getrocknete Kirschen, fein
zerkleinert
80 g goldene Rosinen, fein
gehackt
80 g Rosinen, fein gehackt
1 TL Vanille
Für die Glasur:
130 g Puderzucker
1 - 2 Esslöffel ungesalzene Butter
1 Prise Salz
½ TL reines Vanilleextrakt
1 - 2 EL Milch

Nährwerte p. P.

661 kcal
81 g Kohlenhydrate
31 g Fett
11 g Eiweiß

1 Den Ofen auf 180 °C (Ober-/Unterhitze) vorheizen. Die Butter mit dem Zucker schaumig rühren, bis sie glatt und cremig ist. Die Eier einzeln dazugeben, bis sie gut vermischt sind. Zucker, Mehl, Backpulver, Natron, Zimt, Nelken, Muskatnuss und Salz zusammensieben. Rühren Sie die Fruchtschalen unter die trockenen Zutaten. Kaffee, Weinbrand oder Rum, Kondensmilch, Anislikör, Vanille und Essig miteinander verquirlen. Abwechselnd die feuchten und trockenen Zutaten zur Butter-Ei-Mischung geben und gut verrühren. Die Nüsse, Rosinen und getrockneten Kirschen unterheben.

2 Den Boden einer 22 cm-Springform mit einem Kreis aus Backpapier auslegen. Verteilen Sie den Teig gleichmäßig in der Form. Den Kuchen 45 Minuten lang backen. Ohne den Kuchen aus dem Ofen zu nehmen, streuen Sie vorsichtig etwas gesiebten Puderzucker über die Oberseite des Kuchens und backen den Kuchen weitere 15 Minuten.

3 Prüfen Sie, ob der Kuchen gar ist: Ein Holzspieß, der in die Mitte des Kuchens gesteckt wird, sollte sauber herauskommen. Wenn der Kuchen noch nicht gar ist, zurück in den Ofen geben und alle 5 - 10 Minuten erneut prüfen, bis er gar ist. Den Kuchen 15 Minuten in der Form auf einem Rost abkühlen lassen.

4 Während der Kuchen abkühlt, die Glasur zubereiten. Butter im warmen Wasserbad oder auf niedriger Hitze in einer Pfanne schmelzen. Puderzucker in eine Schüssel sieben. Die geschmolzene Butter, eine Prise Salz und ½ Teelöffel Vanille hinzufügen. 1 - 2 Esslöffel Milch oder mehr einrühren, bis die gewünschte Konsistenz erreicht ist.

5 Den Kuchen aus der Form nehmen und mit der Glasur beträufeln.

Serviertipp: Dieser Kuchen wird klassischerweise zu Weihnachten gebacken, ist aber auch generell in der kalten Jahreszeit sehr schmackhaft! Mit Orangenpunsch genießen.

REVUELTO GRAMAJO URUGUAY –
GEMISCHTE POMMES AUS

8 Port.   45 Min.   Leicht

Zutaten

2 große Kartoffeln
500 ml pflanzliches Öl
2 EL Olivenöl
1 Zwiebel
1 Knoblauchzehe
200 g geräucherter Land-
schinken
100 g grüne Erbsen,
gekocht (aus der Dose)
5 Eier
1 Frühlingszwiebel
Salz, Pfeffer (zum
Abschmecken)

Nährwerte p. P.

140 kcal
33 g Kohlenhydrate
62 g Fett
32 g Eiweiß

1 Zwiebel schälen und in Scheiben schneiden. Knoblauch hacken. Würfeln Sie den Schinken und schneiden Sie die Frühlingszwiebel in dünne Scheiben. Kartoffeln waschen und schälen. Der Länge nach in 1 cm dicke Scheiben schneiden, dann jede Scheibe der Länge nach in Streichhölzer schneiden. In eine Schüssel mit Wasser legen und fünf Minuten stehen lassen. Abtropfen lassen und mit Papiertüchern trocknen.

2 Das Öl in einem tiefen Topf bei mittlerer bis starker Hitze etwa fünf Minuten lang erhitzen. Die Kartoffeln hineingeben und 20 Minuten lang frittieren, bis sie braun und knusprig sind, dabei ein- oder zweimal umrühren. Anschließend herausnehmen und auf Papiertüchern abtropfen lassen.

3 Eier verquirlen. In einer großen Pfanne zwei Esslöffel Olivenöl erhitzen. Zwiebel und Knoblauch zugeben und glasig dünsten. Schinken und Erbsen hinzugeben. Abschmecken und bei Bedarf Pfeffer und Salz hinzufügen.

4 Pommes in die Pfanne geben und die verquirlten Eier hinzufügen. Umrühren und eine Minute lang kochen. Die Pfanne vom Herd nehmen und weiterrühren, bis alles mit Ei bedeckt ist. Die Frühlingszwiebeln dazugeben und vermengen. Sofort servieren.

ARROZ CON LECHE –
KOLUMBIANISCHER REISPUDDING

6 Port.   45 Min.   Leicht

Zutaten

250 g langkörniger,
weißer Reis, gewaschen
4 Zimtstangen
1 l Wasser
1 l Milch
Prise Salz
2 EL Butter
1 ½ EL Vanilleextrakt
125 g Zucker
350 g gezuckerte Kon-
densmilch

Nährwerte p. P.

360 kcal
38 g Kohlenhydrate
6 g Fett
8 g Eiweiß

1 Wasser und Zimtstangen in einen kleinen Topf geben, zum Kochen bringen und
zehn Minuten kochen lassen. Beiseitestellen und die Zimtstangen wegwerfen. Den
Reis und das Zimtwasser in einen großen
Topf geben und bei mittlerer Hitze fünf Minuten kochen.

2 Salz, Butter, Vanilleextrakt, 500 ml Milch
und Zucker hinzufügen. Gut umrühren und
etwa 15 Minuten offen kochen lassen.

3 Die Hitze auf mittlere Stufe reduzieren.
Die restliche Milch und die Kondensmilch
hinzugeben. Mit einem Holzlöffel umrühren. Eine Stunde und 15 Minuten kochen,
bis der Reispudding die gewünschte Konsistenz erreicht hat.

4 Gut umrühren, vom Herd nehmen und
bei Zimmertemperatur abkühlen lassen.
Die Konsistenz sollte sehr cremig sein.
Mindestens eine Stunde lang oder über
Nacht in den Kühlschrank stellen.

BORI BORI –
PARAGUAYANISCHER EINTOPF

6 Port.

1,5 Std.

Mittel

Zutaten

3 Hähnchenbrüste (etwa
500 g)
3 Hähnchenschenkel ohne
Knochen
1 Zwiebel
4 Frühlingszwiebeln
1 Paprika, grün
2 Tomaten
250 g Kürbis
1 Möhre
2 Lorbeerblätter
¼ TL Kreuzkümmel, ge-
mahlen
nach Belieben Salz, Pfeffer
6 EL pflanzliches Öl
250 g Maismehl
150 g Queso Paraguayo
(paraguayischer Käse) oder
Frischkäse, gerieben
3 l Wasser

Nährwerte p. P.

474 kcal
39 g Kohlenhydrate
23 g Fett
30 g Eiweiß

1 Hähnchenbrust in dünne Scheiben
schneiden. Hähnchenschenkel hacken.
Zwiebel schälen und würfeln. Frühlingszwiebeln fein hacken, Paprika würfeln. Tomaten, Kürbis und Möhre ebenfalls fein hacken.

2 Erhitzen Sie zunächst das Öl in einem
Topf und braten Sie alle Hähnchenteile an,
bis sie goldbraun sind. Danach das Hähnchen herausnehmen und die Zwiebel, Frühlingszwiebeln und Tomaten im selben Öl
anbraten. Mit Salz und Pfeffer würzen und
gut vermischen.

3 Anschließend den Kürbis und die Möhre
hinzufügen und bei mittlerer Hitze unter
ständigem Rühren garen. Zum Schluss das
Fleisch, Wasser, Lorbeerblätter, Kreuzkümmel und gemahlenen Pfeffer hinzufügen.
Das Ganze 45 Minuten bei mittlerer Hitze
kochen lassen.

4 Knödel zubereiten. Dafür als Erstes
Maismehl und Käse in eine große Schüssel
geben. Fügen Sie etwa zwei Esslöffel der
Brühe hinzu, die nebenbei kocht. Kneten
Sie den Teig, bis er nicht zu klebrig und
nicht zu hart ist. Anschließend Kugeln in
der Größe von Weintrauben formen und
mit den restlichen Zutaten in den Topf geben. Warm servieren.

Zubereitungstipp: Die Knödel gehen auf, wenn sie an die Oberfläche steigen. Wenn
dies der Fall ist, schalten Sie den Herd aus und lassen Sie sie vor dem Servieren eine
Weile ruhen.

ROTI HÜHNCHEN AUS SURINAM

3 Port. 1,5 Std. Mittel

Zutaten

Für das Hühnchen:

425 g Hühnerbrust
500 g Kartoffeln
250 g Bohnen, grün
2 Zwiebeln
2 Knoblauchzehen
3 TL Currypulver
1 TL Tomatenmark
1 Chilischote, scharf
ein wenig trockene Brühe
(Gemüse oder Hühnchen
nach Wahl)
¼ TL Kreuzkümmel,
gemahlenen
150 ml Wasser
Sonnenblumenöl
Salz, Pfeffer

Für das Roti:

300 g Mehl (Type 405)
200 ml Wasser, lauwarm
½ TL Salz
1 EL Sonnenblumenöl
30 g   Butter
Sonnenblumenöl (zum
Einfetten der Pfanne)

Nährwerte p. P.

956 kcal
116 g Kohlenhydrate
30 g Fett
51 g Eiweiß

1 Schneiden Sie die Hühnerbrust in kleine Stücke. Schälen Sie die Kartoffeln und schneiden Sie sie in Scheiben. Knoblauch und Zwiebeln schälen und in kleine Würfel hacken. Bohnen waschen und putzen. In Hälften schneiden. Chili zerkleinern.

2 Erhitzen Sie das Sonnenblumenöl in einer Pfanne. Den Großteil von Knoblauch und Zwiebeln im Öl kurz anschwitzen, zwei Teelöffel Currypulver und Kreuzkümmel hinzufügen und für eine weitere Minute braten. Geben Sie die Kartoffeln und grünen Bohnen hinzu und rühren Sie alles gut durch. Mit etwa 100 – 120 ml Wasser ablöschen. Mit Brühe, Salz und Pfeffer würzen und 10 - 12 Minuten köcheln lassen.

3 In einer weiteren Pfanne die restlichen Stücke Knoblauch und Zwiebeln mit Öl anschwitzen. Geben Sie die Chili dazu und lassen Sie alles kurz schmoren. Das restliche Currypulver und Tomatenmark einrühren und für 1 - 2 Minuten mitschmoren lassen. Nun das Fleisch dazugeben. Mit Salz, Pfeffer und Brühe würzen und die Temperatur auf höchste Stufe erhöhen. Fügen Sie, sobald das Fleisch gut angebraten ist, Bohnen und Kartoffeln hinzu. Alles gut mischen und für etwa 20 Minuten köcheln lassen. Nochmals mit Pfeffer, Salz und Brühe abschmecken.

4 Bereiten Sie in der Zwischenzeit die Roti-Fladenbrote vor. Verrühren Sie dazu das Mehl mit dem Sonnenblumenöl, Wasser und Salz, bis ein weicher Teig entsteht. Eine Arbeitsfläche bemehlen und den Teig dort zu einer runden Kugel formen. Mit Frischhaltefolie abdecken und für etwa 5 - 10 Minuten ruhen lassen. Währenddessen die Butter in einem Topf bei niedriger Stufe oder einem Wasserbad schmelzen. Rollen Sie den Teig anschließend zu einem Kreis aus und bestreichen Sie den Teig mit der geschmolzenen Butter. Den Teig aufrollen und die Rolle in acht etwa gleich große Stücke teilen. Jedes Stück ergibt ein Fladenbrot. Kreisförmig ausrollen und für weitere fünf Minuten kurz ruhen lassen.

5 Erhitzen Sie eine Pfanne und geben Sie etwas Sonnenblumenöl hinein. Backen Sie darin die Teigfladen von beiden Seiten für jeweils 1 - 3 Minuten. Zusammen mit dem Curry servieren.

Zubereitungstipp: Statt Roti-Fladenbroten können Sie auch fertige Tortillas zum Curry servieren.

REIS & ERBSEN AUS GUYANA

2 – 3 Port. | 1 Std. 50 Min. | Leicht

Zutaten

200 g schwarzäugige Erbsen/Taubenerbsen
200 g Parboiled Reis/Langkorn
1 TL Pflanzen- oder Kokosnussöl
1 Zwiebel
1 Stange Staudensellerie
1 Knoblauchzehe
100 ml Kokosmilch
250 ml heißes Wasser/Brühe
1 - 2 scharfe Paprikaschoten
1 TL gemahlener Kardamom
1 - 2 Zweige Thymian
Salz (nach Geschmack)
1 Stück Butter

Nährwerte p. P.

567 kcal
107 g Kohlenhydrate
9 g Fett
13 g Eiweiß

1 Taubenerbsen über Nacht im Kühlschrank in kaltem Wasser einweichen. Das Wasser etwa einen Zentimeter über die Erbsen füllen.

2 Am nächsten Tag auf niedriger Stufe köcheln lassen, bis die Erbsen gar, aber noch fest sind. Dies kann eine Stunde oder länger dauern. Unteressen Zwiebel, Knoblauch und Sellerie fein hacken. Paprikaschoten und Thymian ebenfalls hacken. Die Erbsen abspülen und beiseitestellen.

3 Reis abspülen und abtropfen lassen. Öl in einer tiefen Pfanne oder einem großen Topf bei mittlerer bis hoher Stufe erhitzen. Reis für etwa 15 - 20 Minuten unter gelegentlichem Rühren rösten. Zwiebel, Paprikaschoten, Knoblauch, Sellerie, Pfeffer, Kardamom und Thymian hinzufügen und für 5 - 10 Minuten weiterrühren. Erbsen, Kokosmilch, Wasser und Butter hinzugeben. Zum Kochen bringen, dann auf ein Köcheln reduzieren. Abgedeckt kochen lassen, bis das Wasser verdampft und der Reis weich ist. Den Herd ausschalten, das Ganze abdecken und vor dem Servieren 10 – 15 Minuten ruhen lassen.

TUTU DE FEIJÃO –
BOHNENBEILAGE AUS BRASILIEN

6 Port.   1 Tag   Mittel

Zutaten

500 g trockene schwarze
Bohnen
1 ½ l kaltes Wasser, plus
mehr zum Einweichen
2 Lorbeerblätter
1 TL Olivenöl
220 g dicker Speck, ge-
würfelt
1 Zwiebel
3 Knoblauchzehen
50 g Maniokmehl (Ge-
wächs aus Südamerika)
Salz, frisch gemahlener
Pfeffer (nach
Geschmack)
1 Stängel Petersilie

Nährwerte p. P.

292 kcal
25 g Kohlenhydrate
16 g Fett
12 g Eiweiß

1 Weichen Sie die Bohnen über Nacht ein: Die Bohnen in eine große Schüssel geben und mit kaltem Wasser bedecken. Mit Plastikfolie abdecken und über Nacht in den Kühlschrank stellen.

2 Am nächsten Tag die Bohnen kochen: Die eingeweichten Bohnen abgießen und in einen großen Topf geben. Das Wasser und die Lorbeerblätter hinzufügen. Bei mittlerer bis hoher Hitze zum Kochen bringen, dann abdecken und die Hitze auf niedrige Stufe reduzieren. Für etwa 1,5 Stunden köcheln lassen, bis die Bohnen sehr weich sind.

3 Wenn die Bohnen gar sind, etwa 200 g der gekochten Bohnen ohne Flüssigkeit aufbewahren. Die restlichen Bohnen mit 500 ml der Kochflüssigkeit in den Behälter eines Mixers geben und pürieren, bis alles glatt ist.

4 Zwiebel, Knoblauch und Petersilie fein hacken. Erhitzen Sie das Olivenöl in einer großen Pfanne bei mittlerer Hitze. Den Speck hinzufügen und 6 - 8 Minuten goldbraun braten. Die gehackte Zwiebel und den Knoblauch hinzugeben und etwa zwei Minuten lang braten, bis sie weich sind. Die reservierten gekochten Bohnen zugeben und einige Minuten mit den Aromaten anbraten. Die pürierten Bohnen unterrühren.

5 Langsam und unter ständigem Rühren das Maniokmehl hinzufügen, bis die gewünschte Dicke erreicht ist. Es kann sein, dass Sie nicht die gesamte Menge verwenden müssen oder dass Sie mehr brauchen. Das hängt davon ab, wie cremig oder dick Sie Ihr Tutu mögen. Mit Salz und Pfeffer abschmecken. Die gehackte Petersilie unterrühren. Sofort servieren.

Zubereitungstipp: Wenn Sie ein stückigeres Tutu de Feijão bevorzugen, können Sie die Bohnen auch einfach mit einem Kartoffelstampfer zerdrücken.

KOLUMBIANISCHE LINSENSUPPE

6 Port. 45 Min. Leicht

Zutaten

2 EL pflanzliches Öl
3 Knoblauchzehen
1 Zwiebel
1 ½ l Rinderbrühe
200 g Linsen
2 Möhren
2 Kartoffeln
500 g Schweinefleisch
1 TL gemahlener Kreuz-
kümmel
Salz, Pfeffer (nach
Geschmack)
gehackter Koriander
(nach Geschmack)
1 Avocado

Nährwerte p. P.

864 kcal
33 g Kohlenhydrate
62 g Fett
32 g Eiweiß

1 Knoblauchzehen und Zwiebel schälen und fein hacken. Linsen waschen und abtropfen. Möhren schälen und würfeln. Schälen Sie die Kartoffeln und schneiden Sie sie in große Würfel.

2 Das Schweinefleisch in große Stücke schneiden. Öl in einem großen Topf auf mittlerer Stufe erhitzen. Knoblauch und Zwiebel hinzugeben und fünf Minuten lang anbraten, bis sie weich sind.

3 Brühe hinzufügen, den Topf abdecken und zum Kochen bringen. Linsen, Möhren, Kartoffeln, Fleisch, Kümmel, Salz und Pfeffer hinzufügen. Bei Bedarf mehr Brühe hinzufügen. Den Topf abdecken und zum Kochen bringen. Die Hitze reduzieren und 35 - 40 Minuten kochen, bis die Linsen weich sind.

4 Sobald die Linsen gar sind, probieren Sie sie und passen Sie die Gewürze an. Sofort allein oder mit ein wenig Koriander, Reis und Avocado servieren.

DULCE DE LECHE –
ARGENTINISCHES KARAMELL

16 Port.   3 Std.   Leicht
40 Min.

Zutaten

2 ½ l Vollmilch
1 Prise Backpulver
550 g Zucker
120 ml Sahne
10 ml Vanilleextrakt

Nährwerte p. P.

240 kcal
40 g Kohlenhydrate
8 g Fett
4 g Eiweiß

1 Stellen Sie einen großen Topf mit dickem Boden und hohen Wänden auf die Herdplatte und schalten Sie sie auf niedrige Hitze. Milch, Sahne, Vanille, Backpulver und Zucker in den Topf geben. Rühren Sie mit einem Schneebesen, bis sich der Zucker vollständig aufgelöst hat.

2 Bei niedriger Hitze und ohne Deckel etwa eine Stunde lang kochen lassen. Sie brauchen jetzt nicht mehr umzurühren. Die Milch nimmt dabei eine hellgelbe Farbe an. Eine weitere Stunde kochen lassen. Die Farbe ändert sich in ein helles Beige. Sie brauchen nicht umzurühren. Nachdem die ersten zweieinhalb Stunden verstrichen sind, beginnen Sie mit dem Umrühren und zwar ohne Unterbrechung für etwa 20 Minuten.

3 Wenn die Dulce de leche die gewünschte Konsistenz und eine schöne goldbraune Farbe hat, schalten Sie den Herd aus und lassen sie abkühlen. Sobald die Dulce de leche vollständig abgekühlt ist, das Karamell in ein sauberes, trockenes Glas umfüllen und genießen.

CHORRELLANA –
TOMATEN-ZWIEBEL-PFANNE AUS BOLIVIEN

2 Port.   10 Min.   Leicht

Zutaten

2 Zwiebeln
3 Tomaten
Salz, Pfeffer
Chilipulver, sehr scharf
(Aji) oder sehr scharfes
Paprikapulver
Öl
Wasser

Nährwerte p. P.

864 kcal
33 g Kohlenhydrate
62 g Fett
32 g Eiweiß

1 Die Tomaten zunächst halbieren, dann in sehr schmale, halbmondförmige Streifen schneiden. Die Zwiebeln schälen, ebenfalls halbieren und in sehr schmale Halbringe schneiden (keine Würfel!).

2 Das Öl in einer Pfanne erhitzen und die Zwiebeln kurz anbraten. Dann mit Salz, Pfeffer und Ají oder scharfem Paprikapulver (entweder Rosenpaprika oder eine Mischung aus Edelsüß und Chili) bestreuen und den Herd auf kleinste Flamme stellen. So viel Wasser in die Pfanne gießen, dass der Boden gerade bedeckt ist.

3 Die Zwiebeln ganz langsam anbraten, gegebenenfalls gelegentlich umrühren. Sie sollten nicht anbacken. Wenn die Zwiebeln weich sind, die Tomaten hinzufügen und langsam weiterbraten. Der Tomatensaft sollte austreten und das Gericht sollte eine leicht sämige Konsistenz haben. Nochmals abschmecken. Dies reicht als Beilage zu Reis, in größeren Mengen auch als Hauptgericht.

Zubereitungstipp: Für Fleischliebhaber: Braten Sie Puten-, Rind- oder Schweinefleischstreifen vor den Zwiebeln gut an. Dann mit den Zwiebeln wie oben beschrieben fortfahren, das Fleisch kann in der Pfanne bleiben.